现代信息技术研究

麻明辉◎著

中国出版集团　　现代出版社

图书在版编目（CIP）数据

现代信息技术研究／麻明辉著. -- 北京：现代出

版社，2023. 4

ISBN 978-7-5231-0259-6

Ⅰ. ①现… Ⅱ. ①麻… Ⅲ. ①信息技术–研究 Ⅳ.

①G202

中国国家版本馆 CIP 数据核字（2023）第 055455 号

现代信息技术研究

作　　者	麻明辉
责任编辑	李昂
出版发行	现代出版社
地　　址	北京市朝阳区安外安华里 504 号
邮　　编	10011
电　　话	010-64267325　64245264（传真）
网　　址	www.1980xcl.com
电子邮箱	xiandai@cnpitc.com.cn
印　　刷	北京四海锦诚印刷技术有限公司
版　　次	2023 年 4 月第 1 版 2023 年 4 月第 1 次印刷
开　　本	185 毫米×260 毫米　1/16
印　　张	9.5
字　　数	210 千字
书　　号	ISBN 978-7-5231-0259-6
定　　价	58.00 元

前　言

科学技术的发展日新月异，现代信息技术的发展与应用正以惊人的速度改变着世界；经济的全球化、社会发展的网络化和信息化将促使整个人类社会完成由工业文明向信息文明的转变和由工业经济向知识经济的转变；现代信息技术正在以其强大的渗透力、融合性和先进的生产力及工具性深刻地影响着社会、经济、企业和学校的发展，影响着人们的思维观念和行为方式；它与社会经济、各项业务及管理活动彼此互动与融合，关系日益紧密；一个以信息资源（知识或智力资本）、客户和服务为中心的信息时代已经到来。

基于此，笔者撰写了《现代信息技术研究》一书，在内容编排上共设置六章，分别为计算机网络通信技术、多媒体信息技术及应用、大数据技术及其实现、人工智能及其信息处理技术、信息技术在智慧城市建设中的应用探索、信息技术在中小学教学中的应用探索。

本书有如下特点：

第一，层次性。本书首先分析了现代信息技术中不同层次模块运用的可行性和必要性，提出了相应的应用策略；接着阐述了现代信息技术在智慧城市建设中的体现；最后着眼于教育教学，具体探讨了信息技术在中小学教学中的应用。

第二，创新性。本书在撰写的过程中并没有局限于已有的基础理论，而是从创新的视角出发，将信息技术与城市、教学融合起来，具有一定的创新性。

本书结构合理、叙述得当，不少内容具有一定的创新性，相信其中的一些建议可以为当前研究现代信息技术的人员提供借鉴。不过，由于时间仓促以及作者水平有限，书中的一些观点难免存在不足之处，恳请各位读者批评指正。

目　录

第一章　计算机网络通信技术

第一节　计算机网络功能及网络层分析

一、计算机网络主要功能

"随着信息时代的到来，在很大程度上也改变了人们的生活方式，大幅度提升了企业生产效率，这对于推动当下社会经济变革起到了非常重要的作用"。① 在此期间，计算机网络的功能不可忽视，计算机网络的功能有以下四方面：

第一，通信。计算机和终端以及计算机和其他计算机之间，可以通过通信实现数据传输。通信也是计算机网络的基础功能之一，如 IP 电话、即时聊天、信息的实时传输、电子邮件的发送等。

第二，资源共享。这里的资源包括硬件资源和软件资源。硬件资源的共享是指打印机硬盘、主机数据、处理能力等；软件资源的共享，主要包括信息文件、软件以及数据库数据等。

第三，协同处理。协同处理是指将一个任务分配到一个计算机系统中，计算机系统中涉及很多小型机或微机，每个小型机或微机都会承担一部分任务，而且所有任务是共同进行的，如云计算、网络计算以及分布式计算都涉及协同处理功能。

第四，提高计算机的可靠性和可用性。在计算机网络中，计算机和计算机之间是互为后备机的关系，如果计算机发生故障，故障计算机的任务会分配给其他计算机，提高计算机网络的可靠性；如果计算机发生任务承载过重，计算机网络在分配新任务时，会将任务分配给相对空闲的计算机，保证每台计算机被有效地利用，也就是计算机的可用性得到提高。

---

①崔传森．计算机网络安全体系及其发展趋势综述［J］．网络安全技术与应用，2022（11）：171.

二、计算机网络层分析

（一）网络互连

在以 TCP/IP 模型构建的互联网中，网络层实现了众多的功能。网络层实现的功能可以分为四类：①实现异构物理网络的互连；②完成互联网中从源主机到目的主机的数据传输；③数据传输的最佳路径选择；④在路由器上实现的其他功能。在 TCP/IP 模型中，TCP 和 IP 两个协议由于其巨大的作用而纳入模型的名字中。但随着网络需求的快速提高，老版本的 IP.v4 协议渐渐变得难以胜任。

网络互连是将不同类型的物理网络连接在一起构成一个统一的网络。网络互连可以解决网络长度的物理限制，将异地的网络连接起来，实现更广泛的资源共享。网络互连手段还可以使我们在建立物理网络时，限制网络中计算机的数量和网络覆盖范围，提高单个网络效率，降低网络管理难度。

1. 网络互连的方法

不同物理网络之间可能存在巨大的差异，实现不同物理网络的互连，不仅要实现物理上的互连互通，还要实现逻辑上的相互认可。实现资源共享的基本要求是：一个网络的数据单元能在其他网络中自由传输，并且为另一个网络中的计算机所使用，因此，要求不同网络使用的数据单元格式一致。只有格式一致，此网络的数据单元才能在彼网络中被识别、被利用。但不同物理网络存在的巨大差异使这一要求难以满足，例如，PPP 协议和以太网协议就分别规定了各自的数据帧格式，在数据链路层难以实现格式一致的要求。

其实，两个采用了相同网络模型（例如都采用了 OSI 模型或 TCP/IP 模型）的不同物理网络，就具备了相同的网络模型层次。只要在一个层次选用相同的协议，就具备了相同的数据格式（数据单元的格式是由协议规定的），两个物理网络在该层次上得到统一，一个网络在该层次向另一个网络传输的数据单元能被对方所识别、所处理。至于在两个网络内部其他层次以何种协议、何种方式处理数据，已经不影响网络互连了。换言之，网络在接收了来自另一个网络的数据单元后，可以按照本网络的要求处理该数据单元。例如，一个以太网在网络层收到来自另一个网络的数据包后，按照本网络的要求，在数据链路层将该数据包作为数据字段封装成以太网数据帧，就可以在本网络中传输、处理、使用该数据包。事实上，采用了 TCP/IP 模型的互联网，就是通过 IP 协议在网络层将所有的物理网络统一起来的。

2. 网络互连的种类

如果两个物理网络在某个层次中的数据形式或格式相同或者能相互识别，它们就能通过该层实现互连。例如，两个 10Base-T 的以太网，由于它们采用了相同的总线和网卡，那么它们内部表示比特流的电信号形式是完全一致的。一个集线器通过将它们的总线直接相连，实现电信号的互通，也就实现了两个网络在物理层的互连。因为源主机物理层发出的电信号通过集线器连接的两段总线（都是双绞线）传输到目的主机的物理层，由于目的主机物理层能识别这种电信号，因而能从中提取出比特数据，经过目的主机各层剥离首部，最终能将源进程发出的数据交给目的进程。

如果两个以太网，一个以铜线为总线，另一个以光纤为总线，则两个网络在物理层下的信号形式完全不同，不能用集线器将它们的总线直接互连。它们都是以太网，数据帧格式相同，可以用网桥在数据链路层将它们互连。网桥在数据链路层转发数据帧，至于数据帧中的二进制数据是转化成电信号还是光信号，则由两个网络的物理层决定。

如果两个网络的数据帧格式不相同，网桥也不能完成网络互连。但即便数据帧格式差别再大，它们也都有一个数据字段，只要该字段包含的数据包格式相同，就能在网络层中将它们互连。互联网对连入的计算机或通信设备的最基本要求就是采用 TCP/IP 协议，这样，连入互联网的所有计算机就在网络层数据格式与处理方式上得到了统一。因此，连入互联网的各种网络，不管彼此之间差异有多大，都能在网络层实现互连。IP 协议是 TCP/IP 协议体系中最重要的两个协议之一，它与地址解析协议、逆向地址解析办议和差错控制报文协议等共同规范网络层的数据交换格式和过程。通过 IP 协议可以将许多计算机网络互连起来。

因此，根据上述描述，网络互连可在各个层次进行，不同层次有不同的要求。物理层互连：要求两个网络使用的设备兼容，控制、数据信号相同；数据链路层互连：要求两个网络使用的协议和帧格式相同；网络层互连：要求两个网络使用的协议和数据包格式相同；高层互连：针对两个完全不同的网络，使用的协议不同。

根据网络互连层次，可以选择不同网络连接设备。物理层互连设备，主要有中继器和集线器。中继器为了对抗信号衰减将一个物理网络中的信号放大以后，转发到另一个物理网络中使其继续传播。在用集线器扩展局域网时，集线器将几个物理网段的总线直接连接起来，这就要求几个物理网段用来表达比特数据的信号格式是一致的，即物理层互连的网段必须采用相同的物理层协议。数据链路层的互连设备是网桥，它是根据需要将数据帧从一个网段转发到另一个网段，这就要求网桥互连的网段具有相同的数据帧结构，也就是在数据链路层采用相同的协议。网络层互连设备称为路由器，它要求互连的物理网络都遵守 IP 协议，以 IP 协议规定的方式进行数据处理和传输。在网络层以上各层之间进行的互连，一般统称为高层互连，实现高层互连的设备统称为网关或应用网关。网关的主要作用是协议翻译。

需要说明的是，在物理层和数据链路层进行的网络互连只能称为局域网扩展。首先，集线器和网桥连接的都是同类型的物理网络；其次，集线器和网桥连接起来的网络只是一个扩大了的局域网，在它们中的各种主机都有相同的网络号。"网络互连"这个词特指不同类型的物理网络相连，主要由路由器作为连接设备。

互连起来的网络可以看成一个整体，称为虚拟互连网络，即逻辑上可以彼此异构，物理上设备差距巨大，但从网络层来看好像是一个整体，称为虚拟互连网络，计算机通过这个网连接起来。

3. 网络互连工具——路由器

路由器是互联网的标准组件，它可以实现网络之间的连接。如果网络号不同，就认为两个网络是不同网络，而两个不同网络的连接，需要依靠路由器作为连接枢纽，路由器系统构成了互联网的主体脉络，是通信子网中的交换节点，也可以说，路由器构成了 Internet 的骨架。一个网络可以通过路由器与其他各种类型的大小网络相连，互联网本身就是这样通过逐步互连，发展成为今天覆盖全球的最大计算机网络。当前网络发展主要的瓶颈之一就是路由器的处理速度，而路由器的可靠性又会对网络的连接质量产生直接影响。因此，在园区网、地区网，乃至整个互联网研究领域中，路由器技术始终处于核心地位，其发展历程和方向，成为整个互联网研究的一个缩影。

路由器是两个相连网络的共同边界，更是两个相连网络的内部成员。路由器的一个端口连接着一个网络的总线，该端口拥有一个属于该网络的 IP 地址。由于它是网络的内部成员，能像网络中的其他工作站一样广播和接收数据帧。又由于它也是另一个网络的内部成员，当它发现一个端口收到的数据帧所包含的数据包需要发给另一个网络，就会将数据包封装成另一个网络的数据帧，通过连接端口向该网络以广播的形式转发数据帧。由于一台路由器同时属于多个网络的内部成员，它必须同时运行各个网络所采用的协议。

路由器是连接两个相邻网络的交换节点，反过来，一个网络也是连接两个路由器的链路。如果这个网络足够简单，两个路由器之间没有其他起连接作用的节点，这两个路由器还构成了相邻节点。如果两个距离遥远的网络相连，可以通过通信链路直接将两个网络边界上的路由器连在一起，此链路是一个特殊的直联网，与特殊直联网相连的端口不需要 IP 地址。

路由器与网桥十分类似，都有处理器和内存（很多重要节点实际上是一台高档计算机），都用端口与每个网络相连，都根据路由表信息做出是否转发的决定。

路由器与网桥的区别是：①路由器工作于网络层，实现网络级互连；网桥工作于链路层，连接不同局域网。②路由器构成的互连网络可以存在回路；网桥构成的互连网络如果存在回路，有可能形成"广播风暴"，因此必须努力避免网络形成回路，这在实践中又是十分困难的。③它们在安全策略、实现技术、性能、价格方面均有所不同。④由网桥扩展的局域网仍然属于一个局域网，它们具有相同的网络号；由路由器连接的网络往往是不同的物理网络，它们有各自的网络号。

4. 互连网络协议

IP 是互连网络协议（Internet Protocol）的简称，它具有良好的网络互连功能，原因就在于它规范了 IP 地址和数据包格式，为不同物理网络的互连建立了一个统一的平台。换言之，各个网络为了能够互连，都运行 IP 协议，因而它们都能识别 IP 协议所规定的 IP 地址和数据包格式，都采用 IP 协议规定的方法处理 IP 地址和数据包。

（1）IP 地址。IP 地址是互联网中为每个网络连接（网卡）分配的一个在全世界范围内的唯一标识。IP 地址长度为 32 比特，由网络号、主机号组成，为了方便记忆，将 32 比特分成四个字节，每个字节用一个十进制数表示，十进制数之间用圆点分割，它是 IP 地址的十进制表示，如 172.16.122.204。

第一，IP 地址的分类。按 32 位 IP 地址基本格式的第一个字节的前几位，将 IP 地址分为 A、B、C、D 和 E 五类地址。A、B、C 类地址为单目专送地址，用来分配给计算机使用，既可以作为源地址标识发送数据的源主机，也可以作为目的地址标识接收数据的目的主机；D 类地址为组播（Multicast）地址，用于在一个组内进行广播，即一个 IP 地址标识多台目的主机，只能作为目的地址；E 类地址为保留地址，以备特殊用途。

第二，特殊的 IP 地址。有几类地址不能分配给具体的计算机，它们有自己特殊的作用。路由器会按照这些地址的特殊作用进行路径选择。

广播地址。主机地址部分全为"1"的地址是广播地址，将向指定网络的所有主机发送数据。IP 地址全为"1"的地址（255.255.255.255）是有线广播地址，将向本网络的所有主机发送数据。

"零"地址。主机号为"0"的 IP 地址表示该网络本身，是一个网络号。网络号为"0"的 IP 地址表示本网络上的某台主机。全 0 地址"0.0.0.0"代表本主机自己。

回送地址。任何一个以数字"127"开头的 IP 地址。当任何程序用回送地址作为目的地址时，计算机上的协议软件不会把该数据报向网络上发送，而是把数据直接返回给本主机，便于网络程序员测试软件。

可见，网络号和主机号为全 0、全 1 的地址都是特殊地址，都不能用来分配给网络或计算机。

第三，子网和掩码。在一个网络内部，如果主机数量太多，会导致整个网络管理复杂，效率降低，速度下降。可以将一个网络划分成若干个小规模的网络，称为子网络（或子网）。子网络效率更高，更好管理。子网掩码用来在主机号空间划分子网，它用主机号的若干个高位作为子网号，作为新编的子网编号。对一个子网来说，网络号加子网号构成了本子网的网络号。与 IP 地址对应，子网掩码有 32 位数字。通过掩码可以把 IP 地址中的主机号再分为两部分：子网号和主机号。掩码中为 1 的位相对应的部分为子网号，为 0 的位则表示的是主机号。网络划分后必须对外宣布子网掩码，外界路由器将把各个子网作为独立网络进行处理。

路由器在寻址过程中需要根据情况，使用 IP 地址中的子网络号或主机号。IP 地址和子网掩码相"与"运算，得到该接口所在网络的子网号，而把地址和掩码的反码进行"与"运算，即可得到主机地址。

第四，IP 地址的分配方法。IP 地址作为一种资源由网络管理机构提供给网络建设单位。网络管理机构以一组连续的地址块分配 IP 地址，网络建设单位可以根据自己网络中计算机的最大数量购买一个网络号，从而得到该网络号中所有连续的 IP 地址。网络建设单位还可以通过设计子网掩码的方式，将 IP 地址分配给二级单位。二级网络管理员可以将一个 IP 分配给用户，也可以让所有用户共同使用这些地址，在这种方式下，上网的计算机可以由系统临时分配一个空闲的 IP 地址。

一个用户如果得到一个 IP 地址，需要将该地址绑定在网卡上，一个网卡通常有一个接口连接电缆，它是网络的物理接口。一个 IP 地址表示一个网络连接，是一个网络接口。一台主机可以插入多个网卡，所以可以有多个物理接口；一个网卡可以绑定多个 IP 地址，所以可以有多个网络接口，换言之，一台计算机理论上可以有多个 IP 地址。

一个对外提供信息服务的物理网络不仅有大量的客户机（Client），还应该有多个服务器（Server），如 Web 服务器、FTP 服务器、E-mail 服务器和 DNS 服务器，每个服务器都需要分配一个 IP 地址。服务器的基本含义是指一个管理资源并为用户提供服务的计算机软件，通常分为文件服务器、数据库服务器和各种服务器应用系统软件（如 Web 服务、电子邮件服务）。一台计算机如果能力足够强，可以安装多个服务器。但服务器需要为广大的计算机客户提供服务，负载很重。如果安装服务器的计算机运行能力不足，则会导致速度下降，很容易成为影响网络速度的瓶颈，从而影响网络整体性能。此外，运行服务器的计算机的处理速度和系统可靠性都要比普通 PC 要高得多，因为这些计算机在网络中一般是连续不断地工作的。普通 PC 死机了大不了重启，即使是数据丢失了，丢失的数据也只是这台计算机的数据。但是，运行服务器是不同的，它保存了很多重要数据，并且计算机负责很多的网络服务，如果计算机发生了问题将会造成巨大的损失，而且计算机上的服务器提供的功能，如代理上网、安全验证、电子邮件服务等都将失效，从而造成网络的瘫痪。因此，运行服务器的计算机或计算机系统相对于普通 PC 来说，在稳定性、安全性、性能等方面都要求更高，CPU、芯片组、内存、磁盘系统、网络等硬件与普通计算机有所不同，在质量与处理数据性能上更出色。这些计算机一般专门用来运行服务器，久而久之，这些计算机被人们称为服务器。所以，服务器也被看作网络环境下为客户机提供某种信息服务的专用计算机。服务器属于高性能的计算机，是网络节点，负责 80% 的数据和信息的存储以及处理，所以，服务器还有一个别称——网络的灵魂。

一台能力超强的计算机上可以运行多个服务器，因为每个服务器都需要各自的 IP 地址，这些 IP 地址都要绑定在这台计算机上。也只有在这种情况下，一台计算机才需要绑定多个 IP 地址。在多数情况下，一台计算机一般绑定一个 IP 地址。

（2）IP 报文格式。IP 协议规定了网络层所传输的数据包格式。数据包由 IP 报文头和数据两部分组成，其中，数据部分是传输层所交付的要传递的数据。报文头是网络层为传递数据所加的各种控制信息，又称为数据包首部。IP 报文头的前 20 个字节是报文头不可缺少的基本部分，又称为固定首部；固定首部后面可以有若干个任意选项。IP 报文头大小是以 4 字节为单位计数，且随着任选项的多少而变化。填充项紧接在任选项后面，填充若干个比特位，以保证 IP 报文头的长度是 4 字节的整数倍。

第一，服务类型（Type of Service）确定分组的处理方式。这个字段包含两个部分：Precedence 和 TOS。TOS 目前不太普遍使用。Precedence 一般应用于 QoS 应用，QoS 是 Quality of Service 的缩写，意思是服务质量，指的是网络可以利用基础技术为通信的开展提供质量更优的服务，它属于网络机制的一种，可以解决当中的延迟和阻塞问题。一般情况下，如果应用系统不存在时间限制，就不需要使用 QoS，举例来说，Web 应用、E-mail 设置等都不需要使用 QoS。但是，如果是关键应用或者是多媒体，就需要使用 QoS。QoS 的存在可以避免网络过载和网络拥挤对重要的业务产生不良影响，让网络始终处于高效运行当中。

第二，数据报长度（Total Length）。数据报长度是指整个数据包（包括 IP 报文头和数据部分）的总的字节数。该字段为 16 比特，这说明 TCP/IP 模型中的数据包最大不超过 2^{16} 字节，也就是 64K 字节。我们已经知道，报文分组（数据包）是传输层在将数据交给网络层以前对报文进行分割，以便网络中的数据传输单元不超过一个上限而得到的。从这个字段，可以知道这个上限不超过 64K 字节，但并不是说这个上限就一定是 64K 字节。事实上，每个物理网络都有一个重要的参数 MTU（最大传输单元），规定了该网络中传输单元上限，超过该上限的数据单元会被重新划分包装或丢弃。如果数据包大小超过一个网络 MTU，但又需要经过该网络传输，就需要在进入该网络时，将数据包再进行一次分割，以满足该网络要求。对于一个报文，如果分割得过小，数据包数量过多，碎片化率提高，网络中传输单元数量增加，丢失的概率增加，报文重组工作量增大，网络的效率降低。但如果分割得过大，重新分割的可能性会显著提高，反而会增加新的工作量。因此，每个物理网络在设置参数 MTU 时，须考虑多方面因素。我们已经知道，以太网数据帧的数据字段长度不超过 1500 字节，该数据字段就是网络层提交的数据包，因此通过以太网传输的数据包不能超过 1500 字节。考虑到以太网的流行性，1500 成为一个常见的 MTU 参数值。

第三，标识（Identifier）、标志（Flags）、段偏移（Frag Offset）。三个字段联合使用，对大的上层数据包进行分段（fragment）操作，对分组进行分片，以便允许网上不同最大传输单元（MTU）时能进行传送。

如果一个大的数据包需要通过具有较小 MTU 参数值的网络进行传输，就必然要将这个大的数据包分段成为若干个小的数据包；这些分段数据包通过了这个网络后，又必须重新组合，还原成原有的形式，因此需要为分段数据包的还原做准备。标识字段长度为 16 比特，用于存放被分段原数据包的编号，由同一个数据包分割而成的分段数据包，都在这个字段保存原数据包编号；在分段数据包需要合成还原原数据包时，这个字段是唯一线索。数据包的分段在进入这个网络的路由器上进行，数据包的还原在离开这个网络的路由器上进行。

标志字段的长度一共是 3 比特，标志字段的第一位是不使用的，从第二位开始使用，第二位记作 DF 位。如果 DF 位是 1，那么说明路由器无法对这一数据包进行分段处理。假设数据包不能在不分段的情况下被转发，那么路由器就会把这个数据包丢弃，并且会根据这一数据包反馈错误信息。标志字段的第三位是 MF 位，如果路由器可以对数据包进行分段处理，那么路由器就会在最后一个数据包的包头处把 MF 位设置为 0。除了最后一个数据包，其他的分段数据包标记都是 1。

段偏移字段长度为 13 比特，该字段标记了每一个分段数据包在原数据包中的位置，该位置是用距离原数据包第一个字节的偏移量信息表示的。例如，一个大数据包以 800 字节为单位进行分段，则分段数据距离原数据包首字节的偏移量依次是 0，800，1600，……，那么分段数据包在各自的段偏移字段标记 0，100，200，……。为什么不直接标记 0，800，1600，……，而标记缩小了 8 倍的 0，100，200，……？这是因为段偏移字段长度只有 13 比特，比标识字段长度 16 比特少了 3 位，为了正确标识分段数据包数据在整个数据包数据中的正确位置，必须缩小 8 倍。这也说明，分段数据的大小必须是 8 的整数倍。因为无法保证分段数据包会按顺序被送达，所以，无法保证接收的数据包是传送的数据包，但是，这个字段的使用使路由器可以将接收到的被分段数据包还原成原数据包。假设在传输过程中分段数据包发生了丢失，那么所有属于原来数据包的分段数据都需要重新传送。

第四，生存时间（TTL）字段长度为 8 比特。规定数据包在网上传送的最大跳步数，防止数据包无休止地要求网络搜寻不存在的目的地址。当数据包进行传送时，会先对该字段赋予某个特定的值。数据包每经过一个路由器，数据包本身的 TTL 数值就会减少 1。假设 TTL 的数值减到 0，那么路由器就会将数据包丢弃。该字段的存在可以避免故障导致数据包一直转发的情况出现。

第五，协议（Protocol）字段。协议字段标明了发送分组的上层协议号（TCP = 6，UDP = 17）。

第六，头部校验和字段（Header Checksum）。存放着本 IP 报文头的校验码。网络层和数据链路层一样，其发送和接收两端采用同样的校验函数对数据各自计算一个校验码，通过对比来发现数据是否在传输后发生变化。网络层只对 IP 报文头进行检验。

第七，源 IP 地址和宿 IP 地址。它们两个的字段都是 32 比特，它们的存在可以将数据包的源主机 IP 地址和目标主机 IP 地址都记录下来。

第八，任选项。该字段可以延长长度，可以根据具体的需要在起源设备当中编写该字段，具体的可选项目有：网络测试、保密、调试等。

（二）路由

路由是由英文单词 routing 翻译而来的，意思是路由选择，选择途径，按指定路线发送，为××规定路线。路由器的主要功能就是路由。路由器作为网络的一个交换节点，通过端口连接网络或者通过物理链路连接着一些相邻节点（也是路由器）。为了便于说明，这里要明确几个概念。目的主机是网络中接收数据包的主机。目的网络是目的主机所在的网络。互联网中的网络都与某个路由器的一个端口相连，连接目的网络的路由器称为目的路由器（也就是目的节点）。路由器的工作就是对每一个接收到的数据包，根据数据包的目的 IP 地址，确定目的主机在网络中的位置，选择一个端口发出数据包。这个端口要么连接着一个目的网络，要么是连接一个距离目的路由器最近的相邻节点，总而言之，是通向目的主机的最佳路径。路由是指路由器从一个端口上收到数据包，根据数据包的目的地址进行定向（路径选择）并转发到另一个端口的过程。

1. 直接路由与间接路由

直接路由就是目的节点通过与目的网络相连的端口，以广播方式发送数据帧，从而将数据包发送给目的主机的过程。值得注意的是，数据帧的封装以及数据帧的发送都要满足目的网络运行的数据链路层协议要求。一个路由器通过多个端口连接多个网络，必须能运行这些网络的所有低层协议。

间接路由是路由器根据数据包中的目的 IP 地址指定的目的网络，选择一个距离目的路由器最近的相邻路由器，通过与之相连的端口，将数据包封装在数据帧中发往该相邻路由器。

路由器是根据本身拥有的一张路由表进行路径选择的，路由表记录了要去一个网络所应该选择的端口号。路由器根据数据包目的 IP 地址，可以计算出目的主机所在的网络，由查询路由表可知，应该选择哪一个端口。将数据包发往该端口，路由器就完成了数据包的转发工作。

路由表分为静态路由表和动态路由表。静态路由表是由人为事先规定通信路径，它是根据常识做出的。例如，从武汉出发，分别要去北京、上海、广州，根据常识应该分别先去郑州、南京、长沙；将这些常识性的信息记录在表中，就形成了一张路由表。静态路由表的特点是一旦形成就固定不变，无法应付突发事件。例如，从武汉出发要去北京，如果郑州交通中断或者因为拥堵通行速度极慢，就不如绕道南京。静态路由表由于固定不变，无法做出这样的选择，因而根据静态路由表做出的路径选择可能不是当前最佳。

动态路由表可以根据网络的现状动态改变选项，以保证做出的路径选择为当前最佳。要做到这一点，所有的路由器都需要定期监测、掌握周边网络现状，定期彼此交换局部网络现状信息，并根据其他路由器提供的网络信息，运用路由算法改写动态路由表。由此可见，采用动态路由表，路由器工作量要大得多，但有利于网络的快速、高效和通信量的均衡。

根据路由器采用路由表的类型，可以将路由分成静态路由和动态路由。静态路由根据静态路由表进行路径选择；动态路由根据动态路由表进行路径选择。

互联网覆盖全球，互联网上网络数量多得难以精确统计，一张路由表不可能记录所有的网络。当一个路由器无法通过查表确定一个数据包该送往哪里时，就把数据包送往一个默认的端口。这种处理方式叫作默认路由。

2. 路由器的工作方法

如果一个路由器通过若干个端口连接若干个网络，则每个端口从所在的网络中得到一个 IP 地址，同时每个端口有自己的物理地址。

一个网络一旦划定子网以后，子网从选择路径的角度来看，就是一个独立的网络。该网络需要对外公布子网掩码，以公示本网络的划分方法。路由器根据目的主机网络号+子网号进行路径选择，路由器从数据包中取出目的 IP 地址后，以下式计算网络号：

网络号=目的 IP 地址∩子网掩码

路由表记录了网络号、对应的子网掩码以及发送数据的端口号。

3. 路由的算法分析

路由器的基本功能是路径选择，目的当然是选择最佳路径。最佳度量参数有：路径最短、可靠性最高、延迟最小、路径带宽最大、负载最小和价格最便宜等。可以使用任何一个标准，但必须实现将其指标用数据表示。

路由器信息交换的方式由路由算法确定。路由算法的类型可以分为静态和动态两类。

静态路由算法：预先建立起来的路由映射表。除非人为修改，否则映射表的内容不发生变化。

动态路由算法：通过分析接收到的路由更新信息，对路由表作出相应的修改。

（1）典型静态路由算法。

第一，洪泛法。路由器从某个端口收到一个不是发给它的数据包（也就是本路由器不是目的路由器）时，就向除原端口外的所有其他端口转发该分组。这是一种广播方式，网络中原来的一个数据包经过该路由器广播以后，数量倍增，加之其他的路由器会继续广播，倍增的数据量相当可观。优点是简单，且保证目的主机能收到，缺点是冗余数据太多，必须想办法消除。

第二，固定路由法。路由器保存一张路由表，表中的每一项都记录着对应某个目的路由器以及下一步应选择的邻接路由器。当一个数据包到达时，依据该分组所携带的地址信息，从路由表中找到对应的目的路由器及所选择的邻接路由器将此分组发送出去。

第三，分散通信量法。路由器内设置一个路由表，该路由表中给出几个可供采用的输出端口，并且对每个端口赋予一个概率。当一个数据包到达该路由器时，路由器即产生一个从 0.00 到 0.99 的随机数，然后选择概率最接近随机数的输出端口。

第四，随机走动法。路由器随机地选择一个端口作为转发的路由。对于路由器或链路可能发生的故障，随机走动法非常有效，它使得路由算法具有较好的稳健性。

（2）典型动态路由算法。采用动态路由的网络中的路由器之间通过周期性的路由信息交换，更新各自的路由表。其典型动态路由算法有向量距离算法和链路状态算法。

第一，向量距离算法（V-D 路由算法）。向量距离算法有如下要点：

一是该算法要求路由器之间周期性地交换信息。

二是交换信息中包括一张向量表，记录了所有其他路由器到达本路由器的"距离"。

三是"距离"的度量是"跳步数"或延迟。规定相邻路由器之间的"跳步数"为1；延迟取决于选取最佳的原则，可以用延迟时间、传输通信费、带宽的倒数等数据化参数，参数越小越优。"距离"表示的是一种传送代价。

四是每个路由器维护一张表，表中记录了到达目的节点的各种路由选择以及相应的距离，给出了到达每个目的节点的已知最佳距离 $D(i, j)$ 和最佳线路 k。每个路由器都是通过与邻接路由器交换信息来周期性更新该表。

五是节点 i：路由器自身；节点 j：目的节点；节点 k：节点 i 的相邻节点。

六是 $D(i, j) = \min[(d(i, k) + D(k, j))]$，$D(i, j)$：本节点到达目的节点的最短距离；$D(k, j)$：本节点的邻节点 k 到达目的节点的最短距离；$d(i, k)$：本节点与邻节点的节点距离；$D(k, j)$ 和 $d(i, k)$ 通过与邻接路由器交换信息得到。从本节点出发，有几个邻节点就有几个通往目的节点的路径选择，本节点到目的节点的最短路径就是这几种选择中距离最小的那个。

七是节点 i 通过交换信息得知节点 k 出故障，$d(i, k) = \infty$，通过重新计算 $D'(i, j)$，找到新的最佳线路 s，改变表中记录为 $D'(i, j)$，s。

八是节点 k 的相邻节点出故障导致 $D(k, j)$ 改变，重新计算 $D'(i, j)$，有两种可能结果：找到新的最佳线路 s，改变表中记录为 $D'(i, j)$，s；k 仍为最佳线路，改变表中记录为 $D'(i, j)$，k。

第二，链路状态算法（L-S 算法）。向量距离算法的缺陷在于每个路由器不知道全网的状态，链路状态算法解决了这个问题。

链路状态算法的基本思想是：通过节点之间的路由信息交换（每个路由器到相邻路由器的距离。这种信息是确切无疑的，是由路由器自己测出来的），每个节点可获得关于全网的拓扑信息，得知网中所有的节点、各节点之间的链路连接和各条链路的代价（时延、费用等，用权值表示），将这些拓扑信息抽象成一张带权无向图，利用最短通路路由选择算法，计算出到达各个目的节点的最短通路。链路状态算法具体步骤如下：

发现相邻路由器。通过向相邻路由器发问候（hello）报文，从应答报文可知道相邻路由器是否存在或是否正常工作。

测量距离。通过向相邻路由器发回响（echo）报文，计算延迟时间。

构造链路状态报文。各路由器根据相邻路由器的延迟，构造自己的链路状态报文。

广播链路状态报文。每个路由器利用洪泛法向外界广播，确保本网中任何其他路由器都能收到。同样，每个路由器都能收到其他路由器发来的链路状态报文。

计算新路由。每个路由器都可以获得其他路由器发出的链路状态报文，每个路由器都可以据此构造出带权无向网络拓扑图，根据该图，利用最短通路路由选择算法（Dijkstra）算出所有目的路由器最短路径，建立新的路由表。

链路状态算法的主要问题是采用洪泛法发布链路状态报文。按照洪泛法的算法，每经过一个路由器广播，原来的一个报文会倍增为几个报文，并且会不断重复循环传播，导致网络中产生大量重复报文，进而降低了整个网络的速度。必须想办法消除重复报文，为此链路状态算法在链路状态报文设置了序号和年龄两个字段。

序号是路由器以递增的方式为自己发出的每一个状态报文设置的编号。每个路由器收到一个路由器（例如 A）发出的新的链路状态报文，会将新报文序号与已有的 A 报文序号进行比较，如果新到的报文序号小于或等于保留的报文序号，说明是重复报文，丢弃；否则，收报文，然后向外广播序号机制成功地消除了报文的循环重复传播，但得每一种报文只会在整个网络各处被传播一次，一个状态报文被所有路由器收到以后，还在传递的这种报文会很快消失。

年龄是原始路由器发出报文时设置的一个数，是报文的生存时间，每过一秒减 1；它也可以是最大允许跳步数，每经过一个路由器，被减 1；当它为 0 时，所有路由器丢弃它。

链路状态算法还规定，每个路由器用问候（hello）报文和回响（echo）报文定期（10秒）访问相邻路由器。若 40 秒钟未收到相邻路由器的回响报文，则认为该路由器不可达，就要修改链路状态报文。任何路由器发现链路状态有变化，才向外广播新的链路状态报文，从而触发一轮覆盖全网的路由表更新。

（3）拥塞控制。拥塞是指网络中的某一个或几个交换节点，由于需要转发的数据包太多，大幅超出交换节点处理能力，导致排队时延增加的现象，直接效果就是局部网络速度下降严重。如果拥塞现象继续加剧，会触发交换节点拥塞解决机制。交换节点解决拥塞的方法是抛弃本节点中的所有数据包，这会导致这些数据包的前期传输工作全部浪费，引起大量的重复传输工作，因为发出这些数据包的源主机还会重新发出这些数据包。拥塞控制是为了避免触发拥塞解决机制而采取的措施。

从前面两类典型路由算法介绍可以看到，动态路由算法自动具备拥塞控制功能。动态路由算法能自动选择那些数据转发能力强、当前负载较轻的路线和交换节点，避免选择那些已经出现拥塞的交换节点，从而避免加剧拥塞现象，自动平衡全网络通信负载量。由于动态路由算法具有这些优点，使用动态路由算法成为建立网络的首选。

（三）无分类编址 CIDR

以网络号为单位分配 IP 地址的方式存在如下两个问题：

第一，IP 地址资源不足与浪费。一方面，随着网络技术的普及与推广，使用网络的用户越来越多，对 IP 地址的需求越来越大，而 IP 地址总数是确定的，总共只有 232 个；另一方面，一个网络号下 IP 地址浪费多。例如，一个单位为自己的 100 台计算机组建一个局域网而申请了一个 C 类网络号，共 254 个 IP 地址，多出来的 100 多个地址无法为其他单位所有，造成了浪费。

第二，主干网上路由表项目数太多。主干网路由表需要记录下层所有网络的网络号，以便进行正确的路由选择。表格查询与管理（表项的插入、删除、修改），对计算机来说都是比较费时的操作。路由表项目数太多必然降低整个网络的速度。

为此，IETF（互联网工程工作小组）研究出了无类别域间路由选择（Classless Inter Domain Routing，CIDR）技术来解决这些问题。

CIDR 以连续的 IP 地址块为单元进行地址分配和路由选择。其实，以网络号为单位的地址也是连续的地址块，但它是固定大小的地址块。CIDR 技术打破了 A、B、C 三类之间的壁垒，采用可大可小、灵活可变的地址块，避免了上述两个问题。例如，用户可以根据自己的需要申请大小合适的地址块组建网络，避免了地址的浪费。又如，一个单位需要组建一个包含 400 台计算机的网络，原本需要组建两个 C 类网，在路由表中占据两项，利用 CIDR 技术，只需要一个合适的 CIDR 地址块，组建一个统一的物理网，并且在路由表中只占据一个表项。

1. CIDR 的原理

CIDR 将 32 位 IP 地址分成网络前缀和主机号两部分，用斜线记法表明前缀长度。如下所示：128.14.35.7/20。这个例子中，网络前缀为前 20 位，用地址掩码表示。网络前缀都相同的连续的 IP 地址组成一个 CIDR 地址块。

地址块是 CIDR 地址分配单元，为了应用一个地址块中的 IP 地址，需要明确地址块的最小、最大，计算整个地址块所拥有的 IP 地址数。一个地址块的最小、最大地址分别对应主机号部分全 0、全 1 地址。例如，在上面所示的地址块中，最小地址为 128.14.32.0，最大地址为 128.14.47.255。但主机号部分全 0、全 1 地址一般不用。一个地址块中地址数必须为 2 的 N 次方，N 可大可小，它是根据需要而确定的。

一个组织可以把地址块再次分解成若干个小地址块，但要保证每个地址子块大小仍然是 2 的 N 次方。例如，要将地址块 206.0.64.0/20 分成 4 块，由于子块数量为 4. 采用平均分的方式依然可以保证地址块是 2 的 N 次方，这需要拿出主机号的最高 2 位加入网络前缀中。

2. CIDR 下的路由

如果路由器支持 CIDR，路由器根据路由表中的地址块决定下一跳。路由表由网络前缀和下一跳两项组成。在子网技术下，一个 IP 地址只能求出一个确定的子网号，但在 CIDR 技术下，一个 IP 地址可以匹配长短不一的多个网络前缀。尽管有多个地址块与一个 IP 地址匹配，但它们最终指向的是同一台计算机。任何一跳都可以。这些地址块之间是包含关系，短前缀地址块包含长前缀地址块。长前缀地址块主机数量更少，跳到这种地址空间，后续跳步更少，定位更快。最长前缀匹配最佳，因此在路由表中找最长前缀匹配表项决定下一跳。但是，如果查表方式采用由第一项开始、逐项查询的方式，不找到最后一项，不能确定匹配的前缀最长，并且这种查询方式很费时，会导致网络速度的下降。

其实，支持 CIDR 的路由器路由表是将路由表表项的所有唯一前缀按二叉树形式组织起来的，查询时沿二叉树寻找到树叶，可以很快确定最长前缀。

第二节　计算机网络传输介质与连接设备

一、计算机网络传输介质

在网络中，传输介质①可以分为两类：有线介质和无线介质。有线介质包括同轴电缆、双绞线和光纤，无线介质包括无线电波、地面微波通信、卫星微波、红外线通信等。

（一）有线介质

1. 同轴电缆

（1）同轴电缆的结构和分类

同轴电缆由内导体铜芯、绝缘层、外导体屏蔽层和塑料保护层组成，联网时还需要使用专用的连接器件。同轴电缆主要有以下型号：

第一，RG-8 或 RG-11。匹配阻抗为 50 欧姆，用于 10Base5 以太网，又叫粗缆网。

第二，RG-58A/U，匹配阻抗为 50 欧姆，用于 10Base2 以太网，又叫细缆网。

第三，RG-59/U，匹配阻抗为 75 欧姆，用于 ARCnet（早期一种令牌总线型网络）和有线电视网。

第四，RG-62A/U，匹配阻抗为 93 欧姆，用于 ARCnet。

同轴电缆可以分成两种形式：首先，基带同轴电缆，它是网状同时编织构成的，它的特性阻抗数值是 50 欧姆，这种形式的电缆适合传输数字信号；其次，带宽同轴电缆，它是铝箔缠绕构成的，它的特性阻抗数值是 75 欧姆或者 93 欧姆，适合传输模拟信号。

在局域网络中，最常使用的是特性阻抗为 50W 的基带同轴电缆，数据传输率为 10Mbps。

（2）同轴电缆主要特性

根据同轴电缆的直径粗细，50W 的基带同轴电缆又可分为细缆（RG-8 和 RG-11）和

---

①传输介质是计算机网络最基础的通信设施，是连接网络上各个节点的物理通道。

粗缆（RG-58）两种。

粗缆的连接距离较长，在使用中继器的情况下，粗缆的最大传输距离可达 2500 米（单段最远 500 米，最多 5 段）。因为安装的过程中电缆可以不用切断，所以可以按照实际需求对计算机的入网位置做出灵活的调整，但是粗缆网络也有一定的缺点，它的使用需要收发器和收发器电缆，因此它的安装造价比较高，整体难度比较大。

细缆连接距离较短，在使用中继器的情况下，细缆的最大传输距离可达 925 米（单段最远 185 米），安装步骤是相对简化的，而且造价低廉，但是它的安装需要把电缆切断，并且需要在电缆的两端装上基本网络连接头，通过基本网络连接头去连接 T 形连接器的两端，因此，如果使用了过多数量的接头，那么可能会埋下接头接触不良的隐患，这些隐患往往会触发细缆以太网的运行故障。

同轴电缆的抗干扰能力是比较强的，为了让同轴电缆有更加优质的电气特性，需要让电缆屏蔽层和大地连接，并且在两头处配备终端适配器，终端适配器应该是 50 欧姆的，它的存在可以减少信号反射产生的不良影响。

无论粗缆还是细缆，与之连接的网络都属于总线型拓扑结构，换言之，多台计算机同时连接在一根线缆上，可以在机器密集的环境中使用拓扑结构。但是，这种结构有它的弊端，如果发生了连接点故障，那么这个故障会影响到整根电缆上的多台计算机，后续的故障修复工作将会非常烦琐，因此这种结构逐渐被双绞线以及光缆替代。

2. 双绞线

（1）双绞线的结构和分类

双绞线指的是有两根外部包裹着橡胶外皮的绝缘铜线结合在一起组成的线缆。它主要有两种形式：一种是两对线型，这种型号的接插头叫作 RJ-H；另一种是四对线型，这种型号的接插头叫作 RI-45。我们可以把双绞线电缆分成两种不同的形式：一种是屏蔽双绞线 STP，一种是非屏蔽双绞线 UTP。屏蔽双绞线因为有屏蔽层，所以造价高、安装复杂，只在特殊情况（电磁干扰严重或防止信号向外辐射）下使用；非屏蔽双绞线 UTP 无金属屏蔽材料，只有一层绝缘胶皮包裹，价格相对便宜，安装维护容易，得到广泛使用。

根据传输特性进行分类，可以把双绞线分成以下七种类型：

一类线：传输语言为主的双绞线，这种类型的双绞线不传输数据。

二类线：既可以进行语言的传输，又可以进行传输速率高达 4Mbps 的数据传输，最早应用于 4Mbps 的令牌环网。

三类线：是带宽为 16MHz 的电缆，该电缆不仅可以传输语言，还可以进行传输速率高达 10Mbps 的数据传输，它大多数情况下被应用于 10 兆的以太网。

四类线：是带宽为 20MHz 的电缆，该电缆不仅可以传输语言，还可以进行速率高达 16Mbps 的数据传输，它大多数情况下被应用于 16 兆的令牌环局域网以及 10 兆的以太网。

五类线：是外部装有优质绝缘材料的电缆，这类电缆的带宽是 100MHz，它有更高的绕线密度，不仅可以传输语言还可以进行速率高达 100Mbps 的数据传输，它大多数情况下应用于 100 兆或者 10 兆的以太网，这也是日常中最经常用到的一种电缆。

超五类线：特点是衰减小、串扰少，而且衰减和串扰之间的比值更高，延时误差比较小，整体提高了自己的性能。超五类线的带宽在 200~300MHz，通常情况下被应用在千兆以太网。

六类线：带宽在 350~600MHz，它的带宽比超五类线要高出两倍，但是它的传输性能要比超五类线高得多。它大多数在传输速率高达 1Gbps 的应用当中使用。

双绞线电缆主要用于星形网络拓扑结构，即以集线器或网络交换机为中心、各网络工作站均用一根双绞线与之相连。这种拓扑结构非常适合结构化综合布线，可靠性较高，任何一个连线发生故障时都不会影响网络中其他计算机，故障的诊断与修复比较容易。

（2）双绞线的主要特征

双绞线的特征主要有：通常情况下传输距离不会超过 100 米；双绞线类型不同，传输速度也不同；容易弯曲，重量比较轻，价格比较低廉，容易维护；可以最大限度地降低串扰，甚至将其消除，有非常强的抗干扰能力；有阻燃性；适合结构化的综合布线。

（3）双绞线的接线方式

常用的五类双绞线有 4 对线，8 种颜色，分别是橙色、橙白色、绿色、绿白色、蓝色、蓝白色、棕色、棕白色，每种颜色的线都与对应的相间色的线扭绕在一起。从传输特性上看，8 条线没有区别，连接计算机网络时，只需要 4 根线即可，而使用哪 4 根线、如何连接，电子工业协会 EIA（后与其他组织合并形成电信工业协会 TIA）对此做出规定，这就是 EIA/TIA568A 和 EIA/TIA568B 标准，简称 T568A 或 T568B 标准。两个标准规定，联网时使用橙色、橙白色、绿色、绿白色两对线，将它们连接在 RJ-45 接头的 1、2、3、6 四个线槽上，其他四根线可以在结构化布线时，用于连接电话等设备。

根据需要，我们可以将双绞线接线变成直连线或者是交叉线。直连线指的是双绞线的两端使用的接线线序是吻合的，都用 T568A 或都用 T568B。由于习惯的关系，多数直连线用 T568B 标准；所谓的交叉线指的是双绞线的两端使用的接线标准是有差异的，其中一端使用的是 T568A，另一端使用的是 T568B。

接线方法不同使用的场合也不同，一般情况下，直连线会用于不同类型设备的连接，其内部接线的线序不同，如计算机网络与交换机或集线器连接，交换机与路由器连接，集线器普通口与集线器级联口（UPlink 口）的连接等；交叉线用于连接相同类型的设备，相同类型的设备内部接线线序相同，如两台计算机通过网卡连接，两个集线器或两个交换机之间用普通口连接，集线器普通口与交换机普通口连接等。实际上，不论是哪种接线，都是为了保证一端的发送端（1 橙白、2 橙）连接另一端的接收端（3 绿白、6 绿）。当两个不同类型的设备相连时，由于设备内部线序不一致，用直连线恰好实现一端的发送线槽与另一端的接收线槽相连。当两个相同类型的设备相连时，由于其内部线序一致，所以用交叉线可实现一端的发送与另一端的接收相连。

3. 光纤

光纤是网络传输介质中传输性能最好的一种介质，大型网络系统的主干网都使用光纤作为传输介质。光纤也是发展最迅速、最有前途的传输介质。

（1）光纤的基本结构

光纤的横截面是圆形的，主要包括纤芯和包层，这两部分介质的光学性能是有差异的。纤芯是光通路包层，其构成材料是多层反射玻璃纤维，它可以让光线反射到纤芯上，实用的光缆外部还须有加固纤维（尼龙丝或钢丝）和 PVC 保护外皮，用以提供必要的抗拉强度，以防止光纤受外界温度、弯曲、外拉等影响而折断。

（2）光纤的传输原理

首先，我们需要在发送端通过发光二极管把电信号变成光信号，然后在接收端部分，需要使用光电二极管把光信号再转换成电信号。

光纤分为单模光纤和多模光纤两种类型。单模光纤内径<10 微米，只传输单一频率的光，光信号沿轴路径直线传输，速率高，可达几百吉字节，用红外激光管做光源（ILD）。传输距离远，达数十千米，成本高。多模光纤纤芯直径为 50~62.5 阿米①，可以传输多种频率的光，光信号在光纤壁之间波浪式反射，多频率（多色光）共存，用发光二极管做光源（LED）。传输距离近，约 2 千米，损耗大，成本低。

（3）光纤具有的特征

①具有较大的信道带宽，有比较快的传输速率，一般情况下可以达到 1000Mbps。

②能进行远距离的传输，一般情况下，单段的单模光纤传输的距离可以达到几十千米，单段的多模光纤传输的距离可以达到几千米。

③有较强的抗干扰能力，能进行更高质量的传输，在光纤当中传输的是光信号，所以信号的传输不会受到外部电磁场的影响。

④保密性能比较好，受到的信号串扰比较小。

⑤重量非常轻、体积小，比较容易运输和安装。

---

①阿米：物理单位，长度单位，又称"渺米"。

⑥一般情况下，使用塑料和玻璃来制作光纤，所以它的材料来源非常广泛，对环境的污染比较小。

⑦没有辐射，很难进行窃听。

⑧有较强的实用性，使用的时间更长。

（二）无线介质

无线传输是利用大气层和外层空间传输电磁信号，地球上的大气层为大部分无线传输提供物理通道，即常说的无线传输介质。无线传输所使用的频段较为广泛，目前主要的无线传输方式有无线电波、微波、卫星和红外线。

1. 无线电波。无线电指频率范围在 10K～1GHz 的电磁波谱。这一频率范围被分为短波波段、超高频波段和甚高频波段。无线电波主要用于无线电广播和电视节目以及手提电话通信，无线电波也可用于传输计算机数据。

2. 地面微波通信。地面微波一般使用 4～28GHz 频率范围，采用定向式抛物面形天线收发信号。由于微波信号具有极强的方向性，直线传播，遇到阻挡则会被反射或被阻断，为此要求与其他地点之间的通路没有障碍或视线能及，但是地球是圆的，当距离超过 50 千米时，进行传输就需要单独设置中继站，或者是遇到了山脉的阻隔，也需要设置中继站，中继站的作用是把信号放大。

地面微波系统有助于远距离通信的实现。如果某地区不方便设置电缆，那么可以使用地面微波系统。地面微波系统有更宽的频带，更大的容量，而且可以实现各种各样的电信业务，例如电话、传真、数据的传输、彩色电视信号的传输等。

3. 卫星微波。卫星通信是微波通信的一种，微波会利用卫星作为中继站，实现不同地面之间的信号连接。卫星通信最大的特点是覆盖范围广，多个地面之间可以实现无缝隙覆盖。之所以能覆盖如此广泛，是因为它停留在几百米、几千米甚至是几万米的卫星轨道上，所以覆盖范围相比其他通信系统广。因此，卫星通信可广泛应用于视频、电话、数据等远程传输。

4. 红外线通信。红外线通信指依赖红外线作为信息传输手段的一种通信方式。具体而言，红外线通信的传输方式可以分成两类：一类是点对点的方式。这种方式的优势在于通过衰减得到有效控制，不利于侦听，但是在实施过程中，红外线的发射器和接收器之间不能存在物体阻隔。另一类是广播方式。广播方式的特点是信号面向一个相对较大的区域，区域内的接收器可以接收到信号。

通常情况下，红外通信主要运用在以下设备中：掌上电脑、个人数字处理设备、笔记本电脑、桌面计算机、计算机装置的数据传输、盒式录像机以及控制电视等。

二、计算机网络连接设备

（一）集线器

第一，集线器（hub）及其作用。集线器是将网络中的站点连接在一起的网络设备。在局域网上，每个站点都需要通过某种介质连接到网络上，在使用双绞线联网时，由于RJ-45接头的特殊性，将多个工作站连接在一起时必须通过一个中心设备。这样的中心设备称为集线器或集中器。由于大多数集线器都有信号再生或放大作用，且有多个端口，所以集线器也被称为多端口中继器。

第二，集线器的工作原理。下面以普通共享式以太网集线器为例，探讨集线器的工作原理。从网络体系结构上看，集线器工作在物理层，只能机械地接收比特，经过信号再生后，将比特转发出去。集线器不能识别源地址和目的地址，没有地址过滤功能，所以当集线器收到比特时，为了使比特传送到目的站点，需要采用广播方式，即从一个端口接收数据向除入口之外的所有端口广播。从内部结构看，集线器只有一条背板总线，集线器上所有端口都挂接在这条总线上，一个站点传输数据时，需要独占整个总线的带宽，其他站点只能处于接收状态。如果多个站点发送数据，需要通过用竞争方法，获得介质访问权利。这种竞争方式使集线器的每个端口获得的实际带宽只有集线器总带宽的1/N（N为集线器端口数量）。

以一台8口100Mbps集线器为例，假设每个端口上的站点发送数据的机会是均等的，由于背板总线被8个站点轮流占用，某站点发送数据时独享100Mbps带宽，而在其他站点发送数据时，其所占带宽为零。所以，在一个发送周期内，每个端口获得的平均带宽只有12.5Mbps。

当局域网站点众多，一个集线器端口不能将所有站点连入网络时，可以采用集线器级联方法，有些集线器有级联口（UPLink口），可以用直连线一端连一个集线器的级联口，另一端连接另一个集线器的普通端口；如果集线器没有级联口，可以用交叉线连接两个集线器的普通口。集线器级联后，相当于增加了集线器的端口数量，降低了每个端口的平均速率，在扩大广播范围的同时，也扩大了冲突范围。

第三，集线器的分类。按照集线器提供的端口数进行划分，目前主流集线器主要有8口、16口和24口等大类；按照集线器所支持的带宽，通常可分为10Mbps、100Mbps、10/100Mbps自适应三种。

（二）调制解调器

第一，调制解调器以及调试解调器的作用。电话拨号和因特网之间进行连接使用的硬件设备。一般情况下，计算机使用数字信号传播信号，电话线使用模拟信号传播信号。两种信号的不同，导致两者进行信号传输时需要使用调制解调器。当计算机发来信息，调制解调器会将计算机的数字信号变成电话线接收模拟信号；当电话线需要传输信号，调制解调器则会将电话线中的模拟信号变成计算机可以使用的数字信号。调制解调器的作用是实现两者的信号传输。

第二，调制解调器的分类。调制解调器有外置式和内置式两种。外置式调制解调器放置于机箱外，有比较美观的外包装；内置式调制解调器是一块印制电路板卡，在安装时需要拆开机箱，插在主板上，较为烦琐，还有 USB 接口的调制解调器。

（三）网卡

1. 网卡的作用

网卡又叫网络接口卡或网络适配器，是组建网络必不可少的设备，每台联网计算机至少要有一块网卡。网卡一端有与计算机总线结构相适应的接口；从另一端体系结构角度来看，在 OSI 参考模型中，主机应该具有 7 层结构，网卡为 OSI 参考模型提供物理层的服务功能以及数据链路层的服务功能，它的存在使计算机可以进行通信，能让计算机完成低层通信协议。除此之外，网卡还会给计算机提供地址，让计算机具有网络唯一标识，该地址叫作物理地址或 MAC 地址。网卡有许多种类型，由于以太网是当前市场的主流产品，所以以下结合以太网卡，介绍网卡的基础知识。

2. 网卡的功能

在网络通信中，网卡主要完成以下功能：

（1）连接计算机与网络。网卡是局域网中连接计算机和网络的接口，通过总线接口连接计算机，通过传输介质接口连接网络。多数网卡支持一种传输介质，也有同时支持多种介质的网卡，如二合一网卡、三合一网卡。

（2）进行串行/并行转换。网卡和局域网之间的通信是通过同轴电缆或双绞线为载体进行串行传输，但是网卡和计算机的通信利用的是计算机主板当中的 I/O 总线为载体，进行并行传输，所以网卡的作用就是进行串行转换以及并行转换。在发送端，要将来自计算机的并行数据转换成串行在网络里传输；在接收端，网卡要将从网络中传来的比特串转换成并行数据交给计算机。

（3）实现网络协议。不同类型的网络，其介质访问控制方法以及发送接收流程不同，传输的帧的格式也不同。使用什么协议进行通信，取决于网卡上的协议控制器，协议控制器决定网络中传输的帧的格式和介质访问控制方法。在发送端，网卡负责将数据组装成帧，加上帧的控制信息；在接收端，网卡负责识别帧，并负责卸掉帧的控制信息。

（4）差错检验。网卡以帧为单位，检查数据传输错误。在发送端发送数据时，网卡负责计算检错码，并将其附加到数据之后；在接收端，网卡负责检查错误，如果收到错误的帧，则会丢弃，如果收到正确的帧，则会发送给主机。

（5）数据缓存。在发送端，主机将发送的数据送给网卡，网卡发送数据并将要发送的数据暂存在缓存中，如果接收端发来确认信息，网卡将缓存中的数据清除掉，腾出缓存发送新的数据；如果接收端没有正确收到，网卡会从缓存中重发数据，直到正确收到为止。在接收端，缓存用于暂存已经到达但还没有处理的数据，每处理完一帧数据，就将该数据从缓存中清除，准备接收新的数据。

（6）编码解码。为改善传输质量，发送端网卡在发送数据时，需要对传输数据重新编码。以以太网为例，在发送数据时，需要将数据用曼彻斯特编码后送传输介质传输；在接收端，网卡从传输介质接收曼彻斯特编码，并将其还原成原来的数据。

（7）发送接收。网卡上装有发送器和接收器，用于发送信号和接收信号。

3. 网卡的地址

每块网卡都有一个世界上独一无二的地址，这个地址叫作物理地址，又叫 MAC 地址，该地址在网卡的生产过程被写入网卡的只读存储器中。以太网卡的物理地址由 48 位二进制数组成。但是，由于二进制数不便于书写和记忆，所以实际表示时用 12 位十六进制数表示。十六进制到二进制的转换十分简单，即将每四位二进制数写成一位十六进制数即可。

为了统一管理以太网的物理地址，保证每个网卡物理地址在全世界不与其他地址重复，电气与电子工程师协会（IEEE）注册管理委员会（RAC）为每一个网卡生产商分配一个 24 位企业标志，意味着生产厂商获得一个企业标志后，可以生产 224（16777216）网卡。要查看网卡地址，可以使用 IPCONFIG/ALL 命令，具体步骤如下：

（1）单击"开始"菜单，选择"运行"选项。

（2）在"运行"对话框中输入 CMD 命令，然后单击"确定"按钮，调出命令提示符窗口。

（3）在命令提示符窗口中输入命令 IPCONFIG/ALL，即可查看网卡上的物理地址。

第三节　计算机网络通信协议及其安全管理

"随着计算机网络的发展，计算机已成为时代的主要推动力，在加快了社会信息化进程的同时，也带来了诸多的网络安全问题"。[①] 因此，在开展网络应用时，加强网络通信协议的安全保障显得越来越重要。

一、计算机网络通信协议的类别划分

对于开放的网络平台，其基本原理和思想并不算复杂，网络形成的过程，实质上是两台相互连接的计算机进行信息交互的过程。处于同一网络中的某一计算机，又称为网络节点，服务器作为网络必不可少的组成部分能为网络提供一系列服务，常见的有文件服务、邮箱服务、信息检索等，网络协议是主机与主机间通信的桥梁，其中 TCP/IP 协议是最为基础的网络协议。网络中的主机能对文件进行预处理、加工和过滤，各类协议以及操作系统在此过程中也扮演着重要角色，两者直接面向用户，对用户信息进行检索，进而实现互联网的对接。

（一）计算机网络通信的 TCP/IP 协议

TCP 协议与 IP 协议是计算机网络通信过程中的两个重要协议，通常情况下，将两者合称为 TCP/IP 协议。两大协议的制定还能实现数据传输。TCP/IP 协议能为众多网络服务以及功能提供基本保障，无论是服务器的访问、文件的传输，还是邮件的发送，都离不开 TCP/IP 协议。

1. TCP/IP 协议分层模型

为了加强对网络的高效管理，建立 TCP/IP 协议分层模型，不同层被赋予不同的通信功能，TCP/IP 协议被分为四层，即链路层、网络层、传输层以及应用层，因此，TCP/IP 协议又被称为四层协议系统。

（1）链路层。通常所提到的数据链路层或者接口层，实际上指链路层。链路层作为 TCP/IP 协议分层模型中的最底层，囊括接口、驱动等一系列网络组建，主要实现比特流的传输，帧的定界、接收并发送数据包等功能。下面就数据链路层的具体功能进行阐述：首先，为上层发送数据包并接收上层传来的数据包；其次，与 ARP 模块完成对接，发送

---

①张洪．计算机网络安全与防范［J］．信息与电脑（理论版），2015（16）：148．

并接收 ARP 请求；最后，与 RARP 模块建立连接，在发送 RARP 请求的同时，还应答所接收的 RARP 请求。

（2）网络层。网络层又被称为 IP 层，因为 IP 协议贯穿整个网络层，实现路由的选择以及网络的分组选路。TCP/IP 协议并不指代某一特定协议，而是一个协议族群。在网络层中，除了 IP 协议，还有 IGMP、ICMP 等协议，ICMP 是 TCP/IP 协议族的一个子协议，用于在 IP 主机、路由器之间传递控制消息；IGMP 是因特网协议家族中的一个组播协议。网络层的功能主要体现在以下三个方面：

第一，与传输层紧密相连。对传输层发来的请求进行应答，将数据包放入特定的分组中，选择适合此数据包传输的路径，最终发送到目的地址。

第二，不仅要将数据包放入分组中，还需要对数据包进行检测、处理，对数据包到达目的地的情况进行检测。如果发送失败，需要再次发送；如果发送成功，则需要对包头进行处理。

第三，需要进行拥塞处理、流量控制、冲突检测等。

（3）传输层。传输层主要面向应用程序，实现不同主机上应用程序间的通信。常用的传输层协议有 TCP 协议与 UDP 协议，两者在数据传输过程中具有本质性差异：TCP 提供的服务相对复杂，不仅需要将数据包进行分组，还需要设置特定时钟，防止数据丢失；UDP 的传输速率相对较快，只将数据发送到特定主机，并不能保障应用进程之间通信的建立。因此，UDP 是一种并不可靠的传输方式。TCP 协议与 UDP 协议在应用场景、传输方式、网络功能上均存在较大差异。综上所述，传输层主要负责对信息进行格式化处理并完成对数据的传输。

（4）应用层。应用层则主要处理特定的应用程序，无论是何种通信协议都能为之提供远程登录、邮件传输以及文件传输等服务，所对应的协议分别为 Telnet、FTP 以及 SMTP 协议。

TCP/IP 协议应当遵循以下五个方面：其一，网络接口层的下层需要设定物理层以及硬件层；其二，应当重点关注用户需求，为用户提供更优质的服务；其三，相邻层之间可以进行通信，但是绝不能跨层通信；其四，在发送数据时，数据必须从高层依次向低层发送，而接收数据时则相反；其五，同一层的接收与发送内容应当保持一致。

2. 计算机网络通信 IP 地址

在因特网中，计算机组件以及网络设备众多，不同网络设备有不同的网络地址，而网络地址如同人的名字，我们将网络设备的名字称为 IP 地址。IP 地址是识别网络设备的唯一途径，不存在重复的可能性。

在因特网中，IP 地址的分配遵循一定规律，私人并不具备分配 IP 地址的权利，每一个 IP 地址的申请都必须经过 CERNET 网络管理中心的允许。

一个 IP 地址共 32 位，分为四组，每 8 位为一组，每组数字的取值范围为 0～255（由于计算机采用二进制，每一位只能由 0 或者 1 组成，故 8 位数最大为 11111111，转化为十进制为 255），每组之间由圆点（.）分隔，表示形式为×××.×××.×××.×××，如 10.245.67.9。

IP 地址分为 A、B、C、D、E 五类，其中最为重要的是 A、B、C 三类地址。通过 IP 地址的前三位，可以判断 IP 地址是哪类地址，如 IP 地址的最高位为 0，则是 A 类 IP 地址。值得一提的是，一个网络设备的 IP 地址并不只有一个，有的网络设备被接在两个不同的路由器上，此设备就具有两个 IP 地址，而 IP 地址所发挥的作用，就像网络连接。

通常，一个代理服务器只有一个网卡，也不排除一个代理服务器有两个网卡。两个网卡的 IP 地址不相同，如果两个 IP 地址处于同一块网卡，则一个地址是外部网络地址，另一个则是内部网络地址。

3. 计算机网络通信的域名

计算机需要接入网络，处于网络中的计算机必须具备系统，这里所提到的系统，实际上是"主机"，使网络中的其他配备能对其进行访问。"主机"是一个专业术语，任何一个计算机都需要安装某一操作系统。网络设备的 IP 地址，可以帮助其他设备找到自己，通过 IP 地址找到特定的网络接口，但对主机进行访问时并非如此。在日常访问过程中，主机名访问是最常用的访问方式，对用户而言，主机名记忆更为方便，域名系统则能提供主机名和 IP 地址间的映射信息。

4. 计算机网络通信的客户——服务器模型

网络应用程序只有通过服务器才能为用户提供特定服务。计算机网络通信中，用户与服务器进行信息交互，依赖于客户—服务器模型，客户和服务器处于客户—服务器模型的两端。服务器的种类可分为两种，即重复型和并发型。

重复型服务器的工作过程：首先，等待从客户端发来的请求；其次，对客户端发来的请求进行处理；再次，将响应再发送回客户端；最后，返回第一步，依次循环。由此可见，重复型服务器只能为一个客户提供服务，在处理一个客户请求时，并不能为其他客户提供服务，工作效率低。

并发型服务器的工作过程：首先，等待客户端发送相应请求；其次，开辟新的线程并使用新的服务器对客户请求进行处理，对操作系统提出严格要求，操作系统必须在请求处理完成后立即关闭此服务器；最后，返回第一步，依次循环。

总而言之，重复型服务器和并发型服务器的工作过程存在一定差异，前者只能为一个客户提供服务，而后者则能为每位用户提供不同的服务器，进而满足不同的客户需求。但客户本身并不清楚所使用的服务器类型，因此，服务器分类显得尤为重要。

（二）计算机以太网与 IEEE 标准

计算机以太网的名称源于数字设备公司的英文简称。1982 年，随着互联网的不断发展，XEROX 公司与英特尔公司携手打造极具影响力的以太网标准。在标准中明确指出，以太网是基于 TCP/IP 协议的一种局域网技术，通过带有冲突检测的载波侦听多路访问媒体进入网络内部，传输速率可高达 10Mb/s，地址为 48 位。

带有冲突检测的载波侦听多路访问，简称 CSMA/CD，IEEE 委员会宣布标准集合，CSMA/CD 的 802.3 遍布整个网络，令牌总线网络的 802.4 供专业应用使用，应用到令牌环网的 802.5。

上述提到的三组不同网络都建有不同的网络范围。其中，802.2 和 802.3 所定义的帧格式与以太网均不相同。

RFC 数据文献在 TCP/IP 协议中占据重要地位，此文献对 IEEE 802 网络进行严格定义，并且对主机提出更为严格的要求。对每台主机而言，连接都必须采用以太网电缆，尽可能做到以下三点：第一，以太网封装格式具有严格定义，均应采用 RFC894；第二，能接收 RFC894 和混合的 RFC1042，属于 IEEE802 的封装格式范畴；第三，能适应 RFC1042 分组。

如果遇到同时发送上述数据分组的情况，应优先选用默认条件下的分组，即 RFC894 分组。

二、计算机网络通信协议的安全管理

（一）计算机网络 IP 协议安全管理

判断主机的唯一标准就是 32 位（一般情况下）的 IP 地址。在通常情况下，每个 IP 数据由 20 个字节组成，这 20 个字节包括信息控制字段、32 位源 IP 地址及 32 位的目的 IP 地址，信息主要是指 IP 的长度、版本、配置等。所有的 IP 数据都具有独立性，都是在不同主机之间传递，主机对 IP 数据包起到整理、反馈的作用。这个结构是开放性的结构，在使用过程中容易遭受黑客攻击。

替换源 IP 地址是黑客攻击计算机的主要手段和途径。这个时候作为接收的主机没有办法对 IP 地址进行真假判断，就有可能选中黑客设置的 IP。可以通过设置相关检测来判

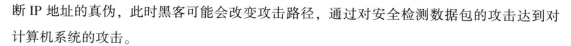

断 IP 地址的真伪，此时黑客可能会改变攻击路径，通过对安全检测数据包的攻击达到对计算机系统的攻击。

（二）计算机 TCP 与 UDP 协议安全管理

1. 计算机 TCP 协议安全管理

两台及以上计算机之间想要进行通信，需要通过 TCP 进行连接。在系统进行完善的过程中建成连接，这也是对 TCP 传输的保障。在 TCP 发展的基础上形成了 FTP 协议，在数据的传输过程中可能会造成数据的丢失，这时 TCP 就会重新启动进程。在互联网服务中广泛用到 TCP 协议，FTP、HTTP 和 SMTP 都是在 TCP 的基础上工作的。

（1）TCP 握手。这个过程就是建立连接的过程，可以理解为是对 TCP 的流量的理解过程。黑客最喜欢攻击的就是 TCP 握手，因此在使用过程中需要定期进行检测维护。

（2）TCP 报头。在 TCP 报头的标记区建立和中断一个基本的 TCP 连接，需要完成三个标记：第一个是 SYN：同步序列号。第二个是 HN：发送方已经发送最后的字节流。第三个是 ACK：识别数据包中的确认信息。此外还有三个标记要完成：一个是 URG：紧急指针字段有效。另一个是 PSH：接收方应尽快将此报文段交给应用层。最后一个是 RST：连接复位。

（3）建立 TCP 连接：确认序号有效（ACK）和同步序号，用来发起一个连接（SYN）。TCP 连接建立前需要进行三次握手进程，其主要进程具体如下：

第一，请求端或客户端对 TCP 包头的 SYN 标记进行激活，操作利用 Active Open，ISN 编码和端口编码是 TCP 包头的主要组成部分。系统对 ISN 和端口编码的编排都是随机的，主要用于传输服务器和客户端数据。

第二，服务器向客户端输送 SYN，并通过 Passive Open 进行操作，包括客户端的 ACK 和服务器的 ISN。

第三，客户会在最后向服务器反馈 ACK。目前，服务器可以通过比特流与客户端连接并进行数据传输。

（4）中断 TCP 连接：ACK 和 Fin。因为 TCP 是全双向连接，所以中断 TCP 连接需要进行四个步骤的操作。全双向连接的数据能进行独立流动，并且在两个方向选择上是自由的，如果需要中断 TCP，必须保证两个连接都是关闭状态。发送所有主机的 Fin，是将 TCP 连接准确中断的前提，主机接到 Fin 指示后，会向程序发送 Fin，并且不再向其他主机传输数据。所有应用程序的两个方向上的数据流也会被中断。结束 TCP 连接步骤具体如下：

第一，服务器将 Fin 标记激活并对一个 Active Close 进行执行，服务器流向客户机的数据也因这一行动而终止。

第二，客户端将一个 ACK 发送到服务器上，执行 Passive Close。

第三，客户端向服务器发送自身 Fin，进而将客户端流向服务器的数据流终止。

第四，服务器会反向给客户端传送一个 ACK，终止 TCP 连接。

2. 计算机 UDP 协议安全管理

UDP 的连接进程是非面向的，通常会应用在音频或视频类型的广播类型协议中，会应用较少的宽带，拥有较快的速度，是因为 UDP 并不是持续连接。UDP 相比于 TCP，无法对信息进行存储。当信息中断后，UDP 也无法再次传送信息。

FTP 和 TFTP 的工作通过 UDP 协议进行，相比之下，UDP 拥有更加简单的操作模式。如果不对认证加以强调，UDP 的功能是强大的。UDP 要求准确传送所有的包，与 TFTP 协议相同，但是这些协议的接收和传送只存在于应用层。UDP 的协议安全性较高，主机将其发送之后，无须被反馈，因此病毒很难在这一过程中侵入。

3. 计算机 TCP 与 UDP 端口协议安全

TCP 和 UDP 有一个共同的端口概念。TCP 或者 IP 在运行的时候，主机的其他应用程序也被激活，这些程序应当同时运行，这样才能保证通信功能的实现。每个程序都有自己的 TCP 或 UDP 端口号，这样才能确保信息引导准确。当主机接收到网络上传输过来的数据时，就有与之匹配的端口号，再将信息传递给程序。经过长时间的发展与努力，目前对常见端口号设定了统一标准。

TCP 可以使用六万多个端口，UDP 和 TCP 可使用的端口数一致。排在前面的 1023 个端口在 Internet Assigned Numbers Authority（IANA）上被称为"well-know 端口"。这些端口是对服务器进行服务的。装在服务器上的程序可以绕过 IANA 申请，直接使用未被限制的 1023 个端口中的任一端口，或者直接使用 1023 之外的端口，这样做是为了保证数据的安全。所以要对网络数据的去向进行探索和追踪。

（三）简单邮件传输协议（SMTP）安全管理

SMTP 没有较大的被破坏风险，但是黑客不仅会对其进行破坏，还会同时破坏 E-mail 服务器 Sendmail，这种操作基于 Unix 系统操作，能保证系统的顺利运行。Sendmail 最初存在许多安全问题，其安全性在技术发展过程中逐渐得到保障。通常来说，黑客会通过各种形式攻击 SMTP 服务器。例如，他们可能对 E-mail 信息进行伪造，使 SMTP 服务器被直接侵入，可能会有部分社会工程信息存在信息中。SMTP 服务器能对服务攻击进行拒绝，但是，也会同时存在另一种隐患，黑客会向 SMTP 服务器植入许多 E-mail 信息，会混淆处理系统的运行，使合法的 E-mail 无法得到正常处理，进而损失整个 SMTP 的服务器功能。

SMTP 还会接收与发送特洛伊木马和病毒。E-mail 信息对接收人、出处和时间等简单的标题信息进行表达，但标题可能会被胡乱改动。正文是主要的邮件信息来源，是另一个邮件部分，其呈现通常会依照标准的文本形式，现代科技可以通过邮件将 HTML 格式信息发送。代码并不存在于 E-mail 邮件的正文和标题中，避免了特洛伊木马和病毒的出现。但是，附件中经常出现木马和病毒。

邮件附件的类型和数量有多种，木马和病毒可能会以这种形式发送。要解决这一问题，最好的办法是安装具有扫描功能的 SMPT 服务器。另外，还可以进行用户的科普教育，将木马和病毒侵入形式和原理讲述给用户，使用户学会抵制病毒和木马。

（四）文件传输协议（FTP）安全管理

FTP 包含两个构成部分，分别为客户端和服务器，能使 IP/TCP 连接建立后获得文件传输功能，在每个 TCP/ IP 主机中都存在 FTP 客户端。FTP 是利用 TCP21 端口建立连接的双端口连接通信方式，这个控制端口在 FTP 绘画中的开启状态是持续的，使客户端的控制和服务器与客户端之间信息的传输得以实现。临时端口是实现数据连接的主要工具，每次将这一传输操作运行于客户端和服务器之间时，都需要进行数据连接。FTP 能对信息进行接收和传送，一般不被黑客所使用，其内部部分不会轻易被破坏。所以，对于这部分服务器，黑客会进行间接攻击。有时，FTP 服务器不需要认证客户端。在必须认证时，会通过明文进行账户和密码的传输，当黑客破坏 FTP 服务器时，会匿名连接，向计算机硬盘中传入错误信息，使硬盘过载，导致系统无法正常运行；还会通过类似的方法攻击 FTP 服务器的日志文件，直接跳过日志文件检测进入操作系统。还有一种 FTP 服务器的破坏方式，即向服务器复制盗版软件。黑客会向其他黑客交接该 FTP 服务器，接收服务器的黑客能上传或下载软件和资料。表面上，黑客并不会攻击所有服务器，但是在不知不觉中，黑客已进行非法操作。

（五）超文本传输协议（HTTP）安全管理

HTTP 协议在网络上被广泛应用，有 50%的互联网流量的进行都会应用 HTTP 协议，这种协议的数据传输和连接利用的是 80 端口。HTTP 有两方面安全隐患：协议上的信息可能会被浏览器的应用程序进行格式化操作。这种协议是客户端和浏览器在 HTTP 服务器外部的应用程序和客户端应用程序之间进行信息接收和访问的表现。

HTTP 服务器中的内容与 FTP 服务器中的内容相似，对这些内容的保护应当十分谨慎。Web 用户会将请求指令发送到 HTTP 页面，HTTP 服务器会向客户端传送硬盘中的反馈页面，客户端会格式化处理该页面。但是，这些 Web 服务器无法将大量的实践经验传送给用户，是由服务功能的简单性所造成的。只有将 HTTP 服务器植入拓展应用程序中，才能使 Web 服务器功能得到增强。AST、JAVA 等都是常见的程序语言。

安全漏洞问题存在于所有的程序中，Web 服务器程序可能在执行代码过程中受到破坏，篡改 HTTP 服务器相关程序，还可能向服务器中植入特洛伊木马和病毒。

（六）Internet 控制消息协议（ICMP）安全管理

Internet 控制信息协议的应用主要存在于 IP 层，用于对其他条件和相关问题进行检测。一般而言，IP 包头在扩展后出现包含几层的 ICMP。ICMP 信息的实用性较强，例如，ICMP 信息可以对 Ping 主机的运行状态进行判断。这时，Ping 主机会向远程主机发送请求，远程主机的 ICMP 信息会进行反馈与处理。如果不良分子盗用 ICMP 信息，这项信息会被其利用进行远程攻击。近年来，ICMP 信息被 Tribal Flood Network（TFN）系列程序用于消耗宽带，进而将网络基站摧毁。ICMP 若要攻击，则需要对微软的 IP 和 TCP 进行调用。计算机的原始版本基本上会对旧版本的 TCP 堆栈进行运行，如果无法处理此类 ICMP 信息，请求则会被拒绝，系统会存在崩溃的风险。

这种攻击首次出现在 WINNUCK 中，因此被称为 "WINNUCK 攻击"。到目前为止，微软还没有处理和传输有关 Ping 要求的信息能力，所以微软筛选出所有调用 ICMP 请求的命令，这种配置也被一些公司的防火墙所应用，使 ICMP 信息无法顺利传输。

在 IP 包的封装中还存在 ICMP 报文。根据 RFC-791 说明，IP 包中包括 20 个字节的报头长度，总长多达 65535 个字节。发送方会分割长于 MTU 的包，使之变为多个较小的包，接收方会在接收到小包后，重新装配被分割的包。

1. Ping of Death

Ping of Death 是利用长的 ICMPECHO 请求（也就是 Ping）包需要，进行分段弱点实现的攻击。

ICMPECHO 请求包，包括 ICMP 报头信息和 Ping 请求数据字节，包头信息的长度为 8 个字节。所以，经过计算可以得知，65507 是允许的最大数据区范围。但问题在于，数据在分段方法下有可能出现超过 65507 个字节长度的非法 ICMPECHO。分段方法在对重新装配时刻段的位置进行确定时，需要依照每段的偏移量。所以，最后一段可能会组合适当的段长度和有效偏移量，使（偏移量+段长度）>65535 得以成立。因为一般的机器在处理包之前会将所有接收到的分段进行重新组合，所以存在这样一种可能性：16 位内部变量溢出，导致一系列不受控制的行为，如重新启动和系统崩溃等。要将 Ping of Death 情况进行临时中止，可以在企业网络入口，对终止 Ping 包进入的程序进行设定。但只有在 IP 存储分段时持续正常运转 TCP/IP 程序时，才能从根本上解决这一问题。

2. SMURF 攻击

黑客向广播地址中植入拥有欺骗性的 ICMPECHO，请求带来 SMURF 攻击，通过这一行为向用户地址传送欺骗性的包而导致用户受骗。如果 Layer 2 和 Layer 3 广播在广播地址路由器设备中被执行操作，欺骗性的 ICMPECHO 请求会被整个 IP 网络中的大部分主机所响应，过程中的回应会加强通信量。如果在多路访问广播网络中出现，echo 包会同时收到几百台计算机回应。

3. teardrop. c 攻击

teardrop. c 是一种通过重新装配的错误进行恶性攻击，它可以对不同分段的程序进行攻击和干扰系统工作。其中最具有代表性的程序是 newtear. c，和其他程序相比具有一定的特殊性，第一个分段是从 0 开始偏移，第二个分段则在 TCP 包头中。

在早期的 teardrop. c 程序中普遍使用分段的 ICMP，随着技术越来越成熟，已经发展出来很多种类型，但它们攻击的目标还是 IP 层结构。

为避免黑客攻击广播地址，可以采取关闭网络设备达到终止攻击的目的。但这不是最为有效、安全的手段，对 TCP/IP 程序在重组过程中的重叠 IP 分段进行保护才是最安全的保障，这样才有可能避免冲突。

第二章 多媒体信息技术及应用

第一节 多媒体信息及计算机关键技术

一、多媒体信息的表示

多媒体应用中可以处理的媒体信息主要有文本、图形、图像、音频、动画、视频等，一个好的多媒体信息系统中需要综合地使用各种媒体信息。

（一）文本

文本指各种文字（如西文 ASCII 字符、汉字等），是多媒体系统中最基本、最普遍的媒体信息。多媒体中的文本可进行字体、字形、字号、颜色及效果等的格式设置，使所传递的信息更美观、生动、易于理解。

（二）图形与图像

计算机中的图有两种：图形和图像。与文本相比，图形和图像可以更为生动地向用户表达信息，图形和图像比文字更具直观性和吸引力。图形是指由外部轮廓线条构成的矢量图，如直线、圆、矩形、曲线、图表等，通常图形文件相对比较小，但其最大的缺点是难以表现层次、色彩丰富的逼真图像效果；图像由一些排列的像素组成，每个像素点用若干二进制位描述，一般数据量比较大，适合于表现比较细致、层次和色彩比较丰富、包含大量细节的图像信息，如自然景观、人物等，在进行图像处理时，通常要考虑"分辨率""图像深度与显示深度""图像文件的大小"等技术参数。

用于产生和编辑图形的软件称为 Draw 程序，常用的软件有 CorelDRAW、Fireworks、Freehand 等，利用此类软件可以实现对矢量图形的移动、缩放、旋转等变换操作。常用的图形文件格式主要有 3DS、Dxf、Wmf 等，其中 Wmf 是 Windows 系统中矢量图形的文件格式。

用于生成和编辑图像的软件称为 Paint 程序，常用的软件有 Photoshop、Photo Editor 等。在对图像进行缩放、旋转等操作时，通常需要兼顾图像的质量，避免图像的严重失真。图像文件在计算机中有多种存储格式，如 Bmp、Gif、Jpg、Tif 等。其中，Bmp 是 Windows 系统中的标准图像文件格式，Gif 常用于网页制作，Jpg 能大幅度地压缩图像文件，Tif 常用于出版印刷。

（三）音频

人类能听到的所有声音都称为音频，其频率为 20Hz～20kHz。音频在多媒体系统中通常用作解说词、背景音乐和音效等，常用的音频处理软件有 Windows 自带的录音机程序、Cool Edit Pro、GoldWave、Sound Forge 等。数字音频文件的格式有许多种，最常用的有 WAV、MIDI 和 MP3 等格式。

1. WAV 格式

WAV（wave）格式是 Windows 系统中使用的标准数字音频文件，对连续的声音信号进行采样和数字化后就可以得到 WAV 文件。WAV 格式支持多种音频位数、采样频率和声道，可以采用 44.1kHz 的采样频率，速率为 88KB/s，16 位量化位数，所以播放效果特别好，但是由于 WAV 格式存放的一般是没有经过压缩的音频数据，所以 WAV 格式的文件所占容量较大。

2. MIDI 格式

MIDI（Musical Instrument Digital Interface，乐器数字接口）是一种数字化音乐的国际标准，它规定了不同厂家生产的 MIDI 设备与计算机之间连接的电缆和硬件接口标准以及设备之间进行信息交换的规则。MIDI 设备主要包括 MIDI 键盘、音序器、合成器和 MIDI 端口等。MIDI 文件主要用于原始乐器作品、流行歌曲的业余表演、游戏音轨以及电子贺卡等，其扩展名为 .MID。MIDI 文件具有所占空间较小、易于编辑和可以作为背景音乐等优点。

3. MP3 格式

MP3（MPEG Audio Layer 3）指的是 MPEG 标准中的音频部分，也就是 MPEG 音频的第 3 层。MP3 格式采用高压缩比进行压缩，其压缩比高达 10∶1～12∶1。由于 MP3 格式能以较小的失真换取较高的压缩比，使其凭借压缩比高、音质好等优点，成为目前非常流行的一种数字音频格式。

（四）动画

动画通常是利用动画制作软件制作而成的，一段生动的动画往往要比图像更吸引人。

动画可以按照不同的方式分类，按照实现的原理，计算机中的动画可以分为逐帧动画和插值动画；按照运动的空间，动画可以分为二维动画和三维动画。

常用的计算机动画制作软件有 Flash、Adobe ImageReady、3D Studio MAX 等，其中 Flash 和 Adobe ImageReady 可以用来制作二维动画，3D Studio MAX 用于制作三维动画。动画制作软件 Flash 生成的动画文件的扩展名为 .swf，Adobe ImageReady 生成的动画文件的扩展名为 .gif，3D Studio MAX 生成的动画文件的扩展名为 .max。

（五）视频

视频是指利用摄像机、录像机等设备捕捉的动态画面。与动画相比，视频更具真实感和纪实性。视频分为模拟视频和数字视频。视频的数字化是指在一定时间内以一定的速度对模拟视频信号进行捕获、处理，将模拟视频信号转换为数字视频信号的过程。与模拟视频不同，数字视频可以无失真地进行无限次复制，便于长时间的存放，数字视频还可以进行非线性编辑，并可增加特技效果等。由于数字视频数据量通常很大，在存储与传输的过程中必须进行压缩编码，不同的视频压缩方案使用不同的压缩编码算法，具有不同的压缩比和质量。

常用的视频编辑软件有 Premiere 等，常用的视频格式有 .avi、.mpg、.mov、.rm 等。非压缩的 .avi 格式几乎可以在所有的视频编辑软件中操作，该格式视频文件的图像质量较好，但是文件较大。MPEG 格式是运动图像压缩算法的国际标准，它采用了有损压缩方法，VCD、SVCD、DVD 等都采用这种格式。

二、多媒体计算机关键技术

多媒体应用涉及许多相关的技术，主要包括：多媒体数据压缩/解压缩技术、多媒体专用芯片技术、多媒体数据存储技术、多媒体输入/输出技术、多媒体数据库技术、多媒体网络与通信技术以及虚拟现实技术等。

（一）多媒体数据压缩/解压缩技术

"多媒体计算机系统要求具有实时地综合处理声、文、图信息的能力，系统涉及的图像、音频、视频等媒体的数据量非常庞大，同时还要求快速的数据传输、处理速度"。[①]由于目前的计算机无法满足以上要求，因此需要对多媒体数据进行压缩和解压缩。目前比较流行的多媒体压缩编码的国际标准主要有静止图像信息压缩标准 JPEG 和运动图像信息压缩标准 MPEG 等。

---

①陈淑鑫. 信息技术基础 [M]. 北京：中国铁道出版社，2011：211.

JPEG 是一种广泛使用的图像压缩标准，提供有损压缩，支持多种压缩级别，压缩比率通常为 10：1~40：1，JPEG 格式是目前网络上最流行的图像格式，是可以将文件压缩到最小的格式。JPEG2000 作为 JPEG 的升级版，同时支持有损和无损压缩，其压缩率比JPEG 高 30% 左右。

MPEG 是数字化的音、视频压缩标准，主要包括 MPEG-1、MPEG-2、MPEG-4、MPEG-7 及 MPEG-21 等，其中 MPEG-1、MPEG-2 和 MPEG-4 已被广泛使用。MPEG-1 是为工业级标准而设计的，可适用于不同带宽的设备，如 CD-ROM、VCD 等；MPEG-2 提供更高级工业标准的图像质量以及更高的传输率，DVD 盘片采用的是 MPEG-2 标准；MPEG-4 能以最少的数据获得最佳的图像质量，主要应用于视频电话、视频电子邮件、电子新闻、网络实时影像播放等。MPEG-1 和 MPEG-2 的压缩率通常为 20：1~30：1，MPEG-4 的压缩率可以高达 200：1。

（二）多媒体专用芯片技术

为了实现多媒体庞大数据的快速压缩、解压缩和播放处理，需要大量的快速计算，因此需要有高速的 CPU、大容量的内存以及多媒体专用的数据采集和还原电路等，这些都有赖于专用芯片技术的发展和支持。多媒体计算机使用的芯片主要有两种类型：一种是固定功能的芯片，另一种是可编程的数字信号处理器（DSP）芯片。具有固定功能的芯片主要用于图像数据的压缩处理，而可编程的 DSP 芯片除了用于压缩处理外，还用来完成图像的特技效果和音频数据处理等。

（三）多媒体数据存储技术

数字化的音频、视频、图像等多媒体信息虽然经过压缩处理，但仍须占用相当大的存储空间。目前外部存储介质主要以磁盘为主，多媒体计算机系统的常用存储设备主要有硬盘、光盘、闪存等。硬盘存储容量较大，但通常不便于携带和交换；光盘被越来越广泛地用于多媒体信息的存储，常用的 CD-ROM 光盘的容量为 650MB，采用双片粘贴结构的DVD 光盘的容量最高可达 17GB；闪存的存储容量也比较大，而且便于携带，价格便宜。此外，网络存储系统的不断升级也为多媒体数据的存储提供了一定的便利。

（四）多媒体输入/输出技术

多媒体输入/输出技术包括媒体变换技术、媒体识别技术、媒体理解技术和媒体综合技术。目前，媒体变换技术和媒体识别技术已得到较广泛的应用，而媒体理解技术和媒体综合技术只在某些特定的场合有所应用。

第一，媒体变换技术。媒体变换技术是指与媒体的表现形式相关的技术，音频卡、视频卡等都属于媒体变换设备。

第二，媒体识别技术。媒体识别技术是用来实现对信息进行一对一映像所采用的相关技术，如语音识别技术和触摸屏技术等就属于媒体识别技术。

第三，媒体理解技术。媒体理解技术用来对信息进行更进一步的理解、分析和处理，如自然语言理解技术、图像理解技术、模式识别技术等都属于媒体理解技术。

第四，媒体综合技术。媒体综合技术用于将低维信息表示映像成高维的模式空间，如语音合成器就可以将语音的内部表示综合为声音输出。

（五）多媒体数据库技术

多媒体计算机系统需要从多媒体数据模型、媒体数据压缩/解压缩的模式、多媒体数据管理和存取方法以及用户界面四个方面来研究数据库。多媒体数据库管理系统（MDBMS）的主要目标是实现媒体的混合、媒体的扩充和媒体的变换，并且对多媒体数据进行有效的组织、管理和存取。随着多媒体计算机技术、面向对象数据库技术和人工智能技术的发展，多媒体数据库管理系统将会对多媒体数据进行越来越有效的管理。

（六）多媒体网络与通信技术

目前，在 Internet 上广泛应用了以文本、图像、音频、视频等多媒体信息为主的网络通信，如文件传输、电子邮件、视频电话、电子商务、远程教育、多媒体网络会议等，实现了多媒体通信和多媒体信息资源的共享。多媒体技术与网络技术、通信技术紧密联系，相辅相成。多媒体技术要求网络、通信技术能保证传输速度和传输质量，此外，相关数据类型的同步、可变视频数据流的处理、信道分配以及网络传输过程中的高性能、可靠性等也是多媒体技术对网络、通信技术提出的要求。

（七）虚拟现实技术

虚拟现实（Virtual Reality，VR）是利用计算机技术模拟生成一个逼真的视觉、听觉、触觉及嗅觉等的感官世界，用户可以用人的自然技能对这个生成的虚拟实体进行交互，并产生与真实世界中相同的反馈信息，使用户从中获得与真实世界里一样的感受。虚拟现实技术集成了计算机图形学、仿真技术、多媒体技术、人工智能技术、计算机网络技术、并行处理技术和多传感器技术等的最新发展成果，是一种由计算机技术辅助生成的高技术模拟系统。目前，虚拟现实技术已被推广到科技开发、医疗、教育、商业、娱乐等不同的领域中，得到了广泛的应用。

第二节 音频与图像信息处理技术

一、音频信息处理技术

（一）音频数字化技术

音频分为模拟音频和数字音频，数字音频是通过采样和量化，将模拟音频信号转换而成并采用二进制数表示的数字音频信号。模拟音频在时间上是连续的，而数字音频是一个数据序列，在时间上是断续的。数字音频的质量主要取决于采样频率、量化位数和声道数等技术参数。

第一，采样频率。采样频率是指单位时间内的采样次数，其单位为赫兹（Hz）。采样频率不应低于声音信号最高频率的两倍，这样就能将数字信号保真地恢复。采样频率越高，播放出来的声音质量越好，但是要求的存储容量也就越大。目前，采样频率通常为 11.025kHz（语音效果）、22.05kHz（音乐效果）和 44.1kHz（高保真效果）。

第二，量化位数。量化位数是指记录每次采样值所使用的二进制位数，一般采用 8 位或 16 位量化。量化位数越大，记录声音的变化幅度就越细腻，音频效果也就越好，但相应的数据量也越大。

第三，声道数。声音通道的个数称为声道数，通常为 1（即单声道）或 2（即双声道，又叫立体声）。与单声道相比，双声道的播放效果好，但其所占用的存储容量要比单声道成倍增加。

数字音频文件的存储量可以通过如下公式计算：

数字音频文件的存储量（byte）= 采样频率（Hz）×量化位数（bit）/8×声道数×时间（s）

（二）数字音频获取技术

音频数据包括音乐、歌曲演唱、乐器演奏、演讲旁白等，也包括观众掌声、喝彩声、敲击声、碰撞声等几乎各种声音。音频数据的获取是为音频的编辑进行素材的积累和准备，音频数据采集最常用的方法是利用音频录制设备录制音源，然后再进行数字化处理并存入计算机中。数字音频文件可以从 CD 等存储介质上转录，也可以从网络上下载，或者自己录制等。

在 Windows 操作系统中，只要计算机安装了声卡，并且连接了麦克风，就可以利用

Windows 自带的录音机程序来录制、编辑和播放 Wave 格式的数字音频文件。

1. 录制音频文件

选择"开始"—"程序"—"附件"—"娱乐"—"录音机"命令，打开录音机程序，单击"录音"按钮，此时对着麦克风讲话，录音机程序就开始录制音频了。在录音的过程中，可以从操作界面中看到所录制音频文件的时间长度，若想终止录音，可以单击"停止"按钮。用户可以选择"文件"—"保存"命令，将录制的音频文件保存起来，所保存的音频文件的扩展名为 .wav。采用以上方法录制的音频文件，其时间长度最多为 60 秒，如果要录制时间更长的音频文件，可以在录音自动结束时继续单击"录音"按钮。此操作可以反复进行，从而录制时间较长的音频文件。

2. 编辑音频文件

利用录音机程序的"编辑"菜单，可以对已经录制的音频文件进行进一步的编辑，主要包括"复制""粘贴插入""粘贴混入""插入文件""与文件混音""删除当前位置以前的内容"和"删除当前位置以后的内容"等操作。

（1）"复制"与"粘贴插入""粘贴混入"。选择"复制"命令，可以将当前音频文件的内容复制到剪贴板上，选择"粘贴插入"命令，可以将剪贴板上的内容粘贴到音频文件的当前位置；选择"复制"命令后，再选择"粘贴混入"命令则是将剪贴板上的内容与当前编辑的音频混合在一起。

（2）插入文件。利用"插入文件"命令可以在当前音频文件中插入另一个音频文件。操作方法是：先打开一个音频文件，然后依次单击"播放"按钮和"停止"按钮来确定要插入的位置（或者直接将滑块拖动到须插入位置），最后选择"插入文件"命令，在弹出的"插入文件"对话框中选择另一个声音文件，单击"打开"按钮即可。

（3）与文件混音。利用"与文件混音"命令可以将当前音频文件与另一个音频文件之间产生混音效果。操作步骤与"插入文件"类似，先打开一个音频文件，然后依次单击"播放"按钮和"停止"按钮从而确定需要插入的位置，最后选择"与文件混音"命令，在弹出的"插入文件"对话框中选择另一个声音文件，单击"打开"按钮即可。

3. 设置音频效果

利用录音机程序的"效果"菜单，可以对音频文件设置"加大音量（按25%）""降低音量""加速（按100%）""减速""添加回音"和"反转"效果。

二、图像信息处理技术

（一）图像信息处理的基础知识

1. 图像的性能指标

图像的性能指标主要有图像分辨率、图像深度和图像文件的大小等。

（1）图像分辨率。图像分辨率是指组成一幅图像的像素个数。例如，一幅图片的分辨率为 640×480，表示该图片有 480 行，每行有 640 个像素，因此该图片的像素数为 307200 个。图像分辨率是标明图像清晰度的重要标志，图像分辨率越高，图像越清晰。

（2）图像深度。图像深度是指图像中记录每个像素点所使用的位数，它决定了彩色图像中最多可以出现的颜色数或者灰度图像中的最大灰度等级数。灰度图像的图像深度利用 8 位二进制编码表示，其取值范围为 0~255，图像的最暗点灰度为 0，最亮点灰度为 255；彩色图像的图像深度主要利用 4 位、8 位、16 位、24 位、32 位等二进制编码来表示，一般写成 $2n$（n 代表位数），例如，图像的颜色深度采用 8 位二进制编码时，可以表示 $2^8 = 256$ 种颜色。

（3）图像文件的大小。利用图像的分辨率和图像深度，可以计算出图像文件的大小，其计算公式为：

图像文件的大小＝图像的像素总数×图像深度/8

2. 图像的颜色模式

图像处理技术中主要有灰度模式、RGB 模式、CMYK 模式、HSB 模式、Lab 模式等图像颜色模式，每种模式都有其优缺点和适用范围，各模式之间可以进行转换。

（1）灰度模式。灰度模式只有灰度色，没有色彩，一个像素利用 8 位二进制数表示，取值范围为 0（黑色）~255（白色）。

（2）RGB 模式。RGB 模式采用三基色，即红（R）、绿（G）、蓝（B）来描述颜色，每种基色采用 8 位二进制数能描述 256 种颜色，其取值范围为 0~255，因此 RGB 模式使用 24 位二进制数，也称"24 位真彩色模式"，共能描述 256×256×256 = 16777216 种颜色。RGB 模式的图像适用于显示器、扫描仪、投影仪等设备，同时也广泛用于网络。

（3）CMYK 模式。CMYK 代表印刷上用的 4 种颜色，C 代表青色，M 代表洋红色，Y 代表黄色，K 代表黑色。CMYK 模式是一种颜色反光的印刷减色模式，每个像素利用 32 位二进制数来描述颜色，该模式是一种最佳的打印模式，适用于彩色打印和彩色印刷。

（4）HSB 模式。HSB 模式利用颜色的三要素来表示颜色，即色调（Hue）、饱和度

（Saturation）和亮度（Brightness）。HSB 模式与人眼观察颜色的方式最接近，适合人直观地选取颜色。

（5）Lab 模式。Lab 模式是目前所有的颜色模式中色彩范围最广的模式，该模式不依赖光线、颜料，也不依赖系统设备。Lab 模式由三个通道组成，分别是亮度（L）、色彩通道 a 和色彩通道 b。其中，色彩通道 a 包括的颜色是从深绿色（低亮度值）到灰色（中亮度值），再到亮粉红色（高亮度值）；色彩通道 b 包括的颜色是从亮蓝色（低亮度值）到灰色（中亮度值），再到黄色（高亮度值）。L 通道的取值范围为 0~100，颜色通道 a 和颜色通道 b 的取值范围为–120~120。Lab 模式主要用于不同系统之间交换文件等操作。

（二）图像信息素材的获取技术

获取图像素材的途径有很多，常见的有以下方法：

第一，获取屏幕图像。①利用 Windows 抓图热键获取图像。在 Windows 操作系统中，用户可以按【Print Screen】键来将整个屏幕图像放置到剪贴板中，如果想要将当前窗口图像放到剪贴板，可以按【Alt+Print Screen】组合键。位于 Windows 系统剪贴板中的图像，可以利用"粘贴"命令（按【Ctrl+V】组合键）复制到图像处理软件中，并保存为需要的文件格式。②利用抓图软件获取图像。如果想要进行更为专业的抓图操作，可以使用专业的抓图软件，如 HyperSnap、Snaglt、Capture Professional、UltraSnap Pro v2.1 等。这些专业的抓图软件不但可以获取全屏幕和当前窗口，还可以获取非当前窗口、对象、选定区域等内容。

第二，利用绘图软件绘制和编辑图像。①利用 Windows 的"画图"绘制、编辑图像。选择"开始"—"所有程序"—"附件"—"画图"命令，打开画图程序。利用 Windows 自带的画图程序，可以绘制简单的图形，还可以对图形、图像进行简单的编辑操作。②利用专业的绘图软件绘制、编辑图像。如果需要进行专业的绘制和编辑操作，可以使用专业的图形、图像处理软件，如常用的图形处理软件 CorelDraw、Fireworks、Freehand 等，常用的图像处理软件 Photoshop、Photo Editor 等。

第三，利用扫描仪扫入图像。对印刷品或照片中的图片，可以利用扫描仪将其扫描到计算机中，形成数字图像文件。在扫描过程中，通常选择 RGB 颜色模式，分辨率不低于 300dpi①。

第四，利用数码照相机拍摄图像。利用数码照相机可以方便、快捷地进行实体拍摄，并将拍摄的影像信息以 JPEG 或 TIFF 格式存储下来，所拍摄的数字图像可以直接导入计算

①dpi 是指单位面积内像素的多少，也就是扫描精度。dpi 值越大，扫描的清晰度越高。

机中进行编辑、使用。

第五，购买素材光盘或从网络下载。对图标、按钮、装饰图等一些通用的图形、图像，用户可以通过购买图像素材光盘或者从网络上下载的方法来获取。

通过以上各种方法所获取的图像，可以利用专业的图像处理软件进行进一步的编辑、修改，从而得到满意的图像素材。

第三节　动画与视频信息处理技术

一、动画信息处理技术

（一）动画制作的基本原理

计算机动画是基于数学公式的创作方式，由算法产生动画作品。它的基本原理与电影、电视一样，都是利用人类眼睛所具有的"视觉暂留"特性，所谓"视觉暂留"就是指人的眼睛在看到一幅画面或一个物体之后，视觉形象在 1/24 秒内不会消失。计算机动画利用人眼的"视觉暂留"特性，在视觉中的一幅画面还没有消失之前就播放出下一幅画面，从而给人带来一种流畅的视觉变化效果。通常计算机动画的播放速度要高于每秒 24 幅画面，低于每秒 24 幅画面就会出现跳格、停顿的现象。

按照动画实现的原理，计算机中的动画可分为逐帧动画和插值动画。逐帧动画通过一幅幅图像组成的连续画面来实现运动效果，就像电影胶片或视频画面一样，制作时要分别设计每帧显示的画面，其中的每一帧都是关键帧，制作逐帧动画的工作量非常大；插值动画使用算法来实现对象的运动，动画制作软件能根据用户的操作自动在两个关键帧之间插入若干中间帧。

按照动画运动的空间，动画可以分为二维动画和三维动画。二维动画又叫平面动画，在平面上构成动画的基本动作，二维动画表现手段灵活，视觉效果和表现力较好；三维动画又叫空间动画，是通过计算得到三维造型构成动画的主体，并表现三维的动画主体和背景，三维动画制作通常需要造型建模、真实感设计、动画设计和后期制作几个步骤来实现，其中动画设计主要采用关键帧法、运动路径法和物体变形法等算法，后期制作通常利用二维动画制作软件来完成。

（二）动画处理软件 Flash

Flash 是目前非常流行的二维动画制作软件，因其操作界面简单易学，即使没有任何编程基础也可以制作出大量生动的动画效果，因此得到了广大动画爱好者的肯定。由于 Flash 是以矢量图形为基础的动画制作软件，所以生成的动画文件放大后不会失真，而且体积较小、使用简便，特别适合网络传输。Flash 制作的动画文件支持流媒体技术，在用户从网络下载 Flash 动画时，可以在 Flash 文件还没有下载完时就播放动画，一边下载，一边观看。在动画制作中结合编程，可以加强 Flash 的设计能力，Flash 采用面向对象的程序设计思想，使用 Action Script 脚本语言进行编程。Flash 已被广泛地应用于互联网、多媒体教学、游戏制作和广告动画等领域，该软件目前常用的版本有 Flash MX、Flash MX 2004、Flash 8.0 以及 Flash CS 系列等，所生成的 Flash 源文件的扩展名为 .fla，最终导出的影片扩展名为 .swf。

二、视频信息处理技术

（一）视频信息处理的基础知识

1. 模拟视频标准

目前，世界上主要使用的电视广播制式有三种：PAL 制式、NTSC 制式和 SECAM 制式。

（1）PAL 制式：扫描速率为 25 帧/秒，每帧由 625 个扫描行构成，采用隔行扫描方式，场频（即垂直扫描频率）为 50Hz，屏幕的宽高比为 4∶3，该标准主要用于中国、欧洲大部分国家、澳大利亚、南非和南美洲。

（2）NTSC 制式：扫描速率为 30 帧/秒，每帧由 525 个扫描行构成，采用隔行扫描方式，场频为 60Hz，屏幕的宽高比为 4∶3，美国、加拿大、墨西哥、日本、韩国和其他许多国家都采用该标准。

（3）SECAM 制式：扫描速率为 25 帧/秒，每帧由 625 个扫描行构成，采用隔行扫描方式，场频为 50Hz，屏幕的宽高比为 4∶3，但其所采用的编码和解码方式与 PAL 制式完全不一样，该标准主要用于法国、俄罗斯、东欧和其他一些国家。

2. 数字视频

PAL 制式、NTSC 制式和 SECAM 制式的视频信号都是模拟信号，而计算机处理的是数字信号，因此需要将模拟视频信号转换为数字视频信号，即实现模拟视频信号的数字化。模拟视频数字化就是将视频信号经过视频采集卡转换成数字视频文件存储在硬盘等存储设备中。

模拟视频信号每转录一次，就会有一次误差积累，产生一定的信号失真，长时间存放后视频质量会降低；与模拟视频信号不同，数字视频信号则可以无失真地进行无数次的复制，而且可以长时间存放。另外，数字视频信号还可以进行非线性编辑，以及增加特技效果等。

（二）视频信息处理的重要元素

1. 帧和帧速率

视频是由一系列单独的图像所组成的，每一幅图像可以称为一帧。帧速率是指每秒播放的帧数量，单位是帧/秒。当帧速率达到 24 帧/秒时，就会产生平滑、连续的视频播放效果，典型的帧速率范围是 24~30 帧/秒。通常情况下，帧速率越高，视频的质量越好，但是数据量也相应地越大。

2. 帧尺寸、像素宽高比和帧宽高比

帧尺寸是指视频中图像的大小或尺寸，也就是组成一幅图像的像素数，其表示方法为：横向像素数×纵向像素数。帧尺寸越大，数据量越大，不过视频的质量也就越好。像素宽高比是指一个像素的宽度与高度之比，像素的宽高比为 1∶1 的像素是正方形像素，比值为其他值的像素是矩形像素。帧宽高比则是指每帧视频图像的横向像素数和纵向像素数之比，标准化为 4∶3，宽屏电视为 16∶9。

3. 压缩比

由于视频文件的数据量较大，因此在存储与传输的过程中必须进行压缩处理。压缩比是指视频文件在压缩前和压缩后的文件大小之比。压缩比太小时，压缩操作对视频质量不会有太大的影响，但是所占用的磁盘空间会很大；压缩比太大时，视频文件所占磁盘空间减小，但视频文件的质量也相应地下降，而且压缩比越大在解压缩时所花费的时间也就越长。因此在对视频文件压缩时，应该根据实际需要的画面尺寸、压缩质量以及所使用计算机的性能综合分析，从而采取合理的压缩比。

（三）视频信息素材的获取技术

计算机中的视频素材主要采用以下方式获取：

第一，利用数码摄像机拍摄。利用数码摄像机（Digital Video，DV）可以方便地录制清晰度高、色彩纯正并且可以进行无数次无损复制的视频，所录制的视频可以直接导入计算机中。

第二，将模拟视频转换为数字视频。对使用传统摄像机录制到录像带中的信息，可以利用视频捕获卡以及相应的视频编辑软件，对其进行采样、量化和编码，从而转换成数字

视频,并存储在计算机中。

第三,捕获屏幕上的活动画面或从视频文件中截取视频片段。利用一些专业软件,如 SnagIt、Camtasia Studio、超级解霸等,可以捕获计算机屏幕上的动态操作,还可以截取一些视频文件中的片段,然后再将所捕获的操作或截取的片段保存为视频文件。

第四,购买或从网络上下载。用户可以购买存有视频资料的磁盘。此外,网络上有大量的视频资源,用户可以从网络上下载自己所需要的视频资料。

第三章　大数据技术及其实现

第一节　大数据平台及其生态系统

一、大数据及其平台分析

（一）大数据的来源

在下一代工业革命中，无论是工业 4.0（即中国制造 2025）还是物联网（甚至是一个全新的协议与标准），随着数据科学与云计算能力（甚至是基于区块链的分布式计算技术）的发展，唯独数据是所有系统的核心。万物互联、万物数据化之后，基于数据的个性化、智能化将是一次全新的革命，将超越 100 多年前开始的自动化生产线的工业 3.0，给人类社会整体的生产力提升带来一次根本性的突破，实现从 0 到 1 的巨大变化。正是在这个意义上，这是一场商业模式的范式革命。商业的未来、知识的未来、文明的未来，本质上就是人的未来。而基于数据智能的智能商业，就是未来的起点。大数据的第一要务就是需要有数据。

关于数据来源，普遍认为互联网及物联网是产生并承载大数据的基地。互联网公司是天生的大数据公司，在搜索、社交、媒体、交易等各自的核心业务领域，积累并持续产生海量数据。智能手机和平板电脑越来越普遍，这些移动设备上的 App 都能追踪和沟通无数事件，从 App 内的交易数据（如搜索产品的记录事件）到个人信息资料或状态报告事件（如地点变更，即报告一个新的地理编码）。非结构数据广泛存在于电子邮件、文档、图片、音频、视频以及通过博客、维基，尤其是社交媒体产生的数据流中。这些数据为使用文本分析功能进行分析提供了丰富的数据源泉，还包括电子商务购物数据、交易行为数据、Web 服务器记录的网页点击流数据日志。

物联网设备每时每刻都在采集数据，设备数量和数据量都在与日俱增，包括功能设备创建或生成的数据，例如智能电表、智能温度控制器、工厂机器和连接互联网的家用电器。这些设备可以配置为与互联网络中的其他节点通信，还可以自动向中央服务器传输数据，这样就可以对数据进行分析。机器和传感器数据是来自物联网所产生的主要例子。

这两类数据资源作为大数据的重要组成部分，正在不断产生各类应用。例如，来自物联网的数据可以用于构建分析模型，实现连续监测（如当传感器值表示有问题时进行识别）和预测（如警示技术人员在真正出问题之前检查设备）。国外出现了这类数据资源应用的不少经典案例。还有一些企业，在业务中也积累了许多数据，如房地产交易、大宗商品价格、特定群体消费信息等。从严格意义上说，这些数据资源还算不上大数据，但对商业应用而言，却是最易获得和比较容易加工处理的数据资源，也是当前在国内比较常见的应用资源。

在国内还有一类是政府部门掌握的数据资源，普遍认为质量好、价值高，但开放程度差。许多官方统计数据通过灰色渠道流通出来，经过加工成为各种数据产品。《大数据纲要》把公共数据互联开放共享作为努力方向，认为大数据技术可以实现这个目标。

对某一个行业的大数据场景，一是要看这个应用场景是否真有数据支撑，数据资源是否可持续，来源渠道是否可控，数据安全和隐私保护方面是否有隐患；二是要看这个应用场景的数据资源质量如何，能否保障这个应用场景的实效。对来自自身业务的数据资源，具有较好的可控性，数据质量一般也有保证，但数据覆盖范围可能有限，需要借助其他资源渠道；对从互联网抓取的数据，技术能力是关键，既要有能力获得足够大的量，又要有能力筛选出有用的内容；对从第三方获取的数据，需要特别关注数据交易的稳定性。数据从哪里来是分析大数据应用的起点，如果一个应用没有可靠的数据来源，再好、再高超的数据分析技术都是无本之木。许多应用并没有可靠的数据来源，或者数据来源不具备可持续性，只是借助大数据风口套取资金。

（二）大数据的特征

大数据呈现出以下四种鲜明的特征：

第一，在数据量方面。当前全球所拥有的数据总量已经远远超过历史上的任何时期，更为重要的是，数据量的增加速度呈现出倍增趋势，并且每个应用所计算的数据量也大幅增加。

第二，在数据速率方面。数据的产生、传播的速度更快，在不同时空中流转，呈现出鲜明的流式特征，更为重要的是，数据价值的有效时间急剧缩短，也要求越来越高的数据计算和使用能力。

第三，在数据复杂性方面。数据种类繁多，数据在编码方式、存储格式、应用特征等多个方面也存在多层次、多方面的差异性，结构化、半结构化、非结构化数据并存，并且半结构化、非结构化数据所占的比例不断增加。

第四，在数据价值方面。数据规模增大到一定程度之后，隐含于数据中的知识的价值也随之增大，并将更多地推动社会的发展和科技的进步。此外，大数据往往还呈现出个性化、不完备化、价值稀疏、交叉复用等特征。

大数据蕴含大信息，大信息提炼大知识，大知识将在更高的层面、更广的视角、更大的范围帮助用户提高洞察力，提升决策力，将为人类社会创造前所未有的重大价值。但与此同时，这些总量极大的价值往往隐藏在大数据中，表现出价值密度极低、分布极其不规律、信息隐藏程度极深、发现有用的价值极其困难的鲜明特征。这些特征必然为大数据的计算环节带来前所未有的挑战和机遇，并要求大数据计算系统具备高性能、实时性、分布式、易用性、可扩展性等特征。

如果将云计算看作对过去传统 IT 架构的颠覆，云计算也仅仅是硬件层面对行业的改造，而大数据的分析应用却是对行业中业务层面的升级。大数据将改变企业之间的竞争模式，未来的企业将都是数据化生存的企业，企业之间竞争的焦点将从资本、技术、商业模式的竞争转向对大数据的争夺，这将体现为一个企业拥有的数据的规模、数据的多样性以及基于数据构建全新的产品和商业模式的能力。目前来看，越来越多的传统企业看到了云计算和大数据的价值，从传统的 IT 积极向 DT 时代转型是当前一段时间的主流，简单地解决"云化"的问题，并不能给其带来更多价值。

（三）大数据的交易

在未来，数据将成为商业竞争最重要的资源，谁能更好地使用大数据，谁就将领导下一代的商业潮流。所谓无数据，不智能；无智能，不商业。下一代的商业模式就是基于数据智能的全新模式，虽然才开始萌芽，才有几个有限的案例，但是其巨大的潜力已经被人们认识到。简单而言，大数据需要有大量能互相连接的数据（无论是自己的，还是购买、交换别人的），它们在一个大数据计算平台（或者能互通的各个数据节点上），有相同的数据标准能正确地关联（如 ETL、数据标准），通过大数据相关处理技术（如算法、引擎、机器学习），形成自动化、智能化的大数据产品或者业务，进而形成大数据采集、反馈的闭环，自动智能地指导人类的活动、工业制造、社会发展等。但是，数据交易并没有这么简单，因为数据交易涉及以下三个问题：

第一，保护用户隐私信息问题。欧盟目前已经出台了苛刻的数据保护条例。还处在萌芽状态的中国大数据行业，如何确保用户的隐私信息不被泄露，是需要正视的重要问题，对一些非隐私信息，例如地理数据、气象数据、地图数据进行开放、交易、分析是非常有价值的，但是一旦涉及用户的隐私数据，特别是单个人的隐私数据，就会涉及道德与法律的风险。

　　数据交易之前的脱敏或许是一种解决办法，但是并不能完全解决这个问题，因此一些厂商提出了另一种解决思路，基于平台担保的"可用不可见"技术。例如双方的数据上传到大数据交易平台，双方可以使用对方的数据以获得特定的结果，例如通过上传一些算法、模型而获得结果，双方都不能看到对方的任何详细数据。

　　第二，数据的所有者问题。数据作为一种生产资料，与农业时期的土地、工业时期的资本不一样，使用之后并不会消失。如果作为数据的购买者，这个数据的所有者是谁；如何确保数据的购买者不会再次售卖这些数据；或者购买者加工了这些数据之后，加工之后的数据所有者是谁。

　　第三，数据使用的合法性问题。大数据营销中，目前用得最多的就是精准营销。数据交易中，最值钱的也是个人数据。人们日常分析做的客户画像，目的就是给海量客户分群、打标签，然后有针对性地开展定向营销和服务。然而，如果利用用户的个人信息（如年龄、性别、职业等）进行营销，必须事先征得用户的同意，才能向用户发送广告信息。

　　所以，数据的交易与关联使用必须解决数据标准、立法以及监管的问题，在未来，不排除有专门的法律，甚至专业的监管机构，如各地成立大数据管理局来监管数据的交易与使用问题。如果每个企业都只有自身的数据，即使消除了企业内部的信息孤岛，还有企业外部的信息孤岛。

（四）大数据的关联

　　数据无处不在，人类从发明文字开始，就开始记录各种数据，只是保存的介质一般是书本，这难以分析和加工。随着计算机与存储技术的快速发展，以及万物数字化的过程（音频数字化、图形数字化等），出现了数据的爆发。而且数据爆发的趋势随着万物互联的物联网技术的发展会越来越迅速。同时，对数据的存储技术和处理技术的要求也会越来越高。大数据已经成为当下人类最宝贵的财富，怎样合理有效地运用这些数据，发挥这些数据应有的作用，是大数据将要做到的。

　　早期的企业比较简单，关系型数据库中存储的数据往往是全部的数据来源，这个时候对应的大数据技术也就是传统的 OLAP（联机分析处理）数据仓库解决方案。因为关系型数据库中基本上存储了所有数据，往往大数据技术也比较简单，直接从关系型数据库中获得统计数据，或者创建一个统一的 OLAP 数据仓库中心。以淘宝为例，淘宝早期的数据基本来源于主业务的 OLTP 数据库，数据不外乎用户信息（通过注册、认证获取）、商品信息（通过卖家上传获得）、交易数据（通过买卖行为获得）、收藏数据（通过用户的收藏行为获得）。从公司的业务层面来看，关注的也就是这些数据的统计，例如总用户数，活跃用户数，交易笔数、金额、支付宝笔数，等等。因为这个时候没有营销系统，没有广告系统，公司也只关注用户、商品、交易的相关数据，这些数据的统计加工就是当时大数据的全部。

但是，随着业务的发展，例如个性化推荐、广告投放系统的出现，会需要更多的数据来做支撑，而数据库的用户数据，除了收藏和购物车是用户行为的体现外，用户的其他行为（如浏览数据、搜索行为等）是不展示的。这里就需要引进另一个数据来源，即日志数据，记录用户的行为数据，可以通过 Cookie 技术，只要用户登录过一次，就能与真实的用户取得关联。例如通过获取用户的浏览行为和购买行为，进而可以给用户推荐可能感兴趣的商品，基于最基础的用户行为数据做的推荐算法。这些行为数据还可以用来分析用户的浏览路径和浏览时长，这些数据是用来改进相关电商产品的重要依据。

移动互联网飞速发展，随着基于 Native 技术的 App 大规模出现，用传统日志方式获取移动用户行为数据已经不再可能，这个时候涌现了一批新的移动数据采集分析工具，通过内置的 SDK 可以统计 Native 上的用户行为数据。数据是统计到了，但是新的问题也诞生了，例如在 PC 上的用户行为怎么对应到移动端的用户行为，这个是脱节的，因为 PC 上有 PC 上的标准，移动端又采用了移动的标准，如果有一个统一的用户库，例如登录名、邮箱、身份证号码、手机号、IMEI 地址、MAC 地址等，来唯一标识一个用户，无论是哪里产生的数据，只要是第一次关联上来，后面就能对应上。

这就涉及一个重要的话题——数据标准。数据标准不仅用于解决企业内部数据关联的问题，例如一个好的用户库，可以解决未来大数据关联上的很多问题，假定公安的数据跟医院的数据进行关联打通，可以发挥更大的价值，但是公安标识用户的是身份证，而医院标识用户的则是手机号码，有了统一的用户库后，就可以通过 ID-Mapping 技术简单地把双方的数据进行关联。数据的标准不仅仅在企业内部进行数据关联非常重要，跨组织、跨企业进行数据关联也非常重要，而业界有能力建立类似用户库等数据标准的公司和政府部门并不多。

大数据发展到后期，企业内部的数据已经不能满足公司的需要。例如淘宝，想要对用户进行一个完整的画像分析，想获得用户的实时地理位置、爱好、星座、消费水平、开什么样的车等，用于精准营销。淘宝自身的数据是不够的，这个时候，很多企业就会去购买一些数据（有些企业也会自己去获取一些信息，这个相对简单一点），例如阿里收购高德，采购微博的相关数据，用于用户的标签加工，获得更精准的用户画像。

（五）大数据的功能

如何把数据资源转化为解决方案，实现产品化，是人们特别关注的问题。大数据主要有以下较为常用的功能。

第一，追踪：互联网和物联网无时无刻不在记录，大数据可以追踪、追溯任何记录，形成真实的历史轨迹。追踪是许多大数据应用的起点，包括消费者购买行为、购买偏好、支付手段、搜索和浏览历史、位置信息等。

第二，识别：在对各种因素全面追踪的基础上，通过定位、比对、筛选可以实现精准识别，尤其是对语音、图像、视频进行识别，丰富可分析的内容，得到的结果更为精准。

第三，画像：通过对同一主体不同数据源的追踪、识别、匹配，形成更立体的刻画和更全面的认识。对消费者画像，可以精准地推送广告和产品；对企业画像，可以准确地判断其信用及面临的风险。

第四，预测：在历史轨迹、识别和画像的基础上，对未来趋势及重复出现的可能性进行预测，当某些指标出现预期变化或超预期变化时给予提示、预警。以前也有基于统计的预测，大数据丰富了预测手段，对建立风险控制模型有深刻意义。

第五，匹配：在海量信息中精准追踪和识别，利用相关性、接近性等进行筛选比对，更有效率地实现产品搭售和供需匹配。大数据匹配功能是互联网约车、租房、金融等共享经济新商业模式的基础。

第六，优化：按距离最短、成本最低等给定的原则，通过各种算法对路径、资源等进行优化配置。对企业而言，提高服务水平，提升内部效率；对公共部门而言，节约公共资源，提升公共服务能力。

当前许多貌似复杂的应用，大都可以细分成以上几种类型。例如，大数据精准扶贫项目，从大数据应用角度，通过识别、画像，可以对贫困户实现精准筛选和界定，找对扶贫对象；通过追踪、提示，可以对扶贫资金、扶贫行为和扶贫效果进行监控和评估；通过配对、优化，可以更好地发挥扶贫资源的作用。这些功能也并不都是大数据所特有的，只是大数据远远超出了以前的技术，可以做得更精准、更快、更好。

（六）大数据的影响

大数据对科学研究、思维方式和社会发展都具有重要而深远的影响。在科学研究方面，大数据使人类科学研究在经历了实验、理论、计算三种范式之后，迎来了第四种范式——数据；在思维方式方面，大数据具有"全样而非抽样、效率而非精确、相关而非因果"三大显著特征，完全颠覆了传统的思维方式；"在社会发展方面，大数据决策逐渐成为一种新的决策方式，大数据应用有力地促进了信息技术与各行业的深度融合，大数据开发大大推动了新技术和新应用的不断涌现"。①

1. 大数据对科学研究的影响

人类自古以来在科学研究上先后历经了实验、理论、计算和数据 4 种范式。

(1) 第一种范式：实验科学。在最初的科学研究阶段，人类采用实验来解决一些科学问题，著名的比萨斜塔实验就是一个典型实例。1590 年，伽利略在比萨斜塔上做了"两个铁球同时落地"的实验，得出了重量不同的两个铁球同时落地的结论，从此推翻了亚里士多德"物体下落速度和重量成正比"的学说，纠正了这个持续了 1900 年之久的错误结论。

(2) 第二种范式：理论科学。实验科学的研究会受到当时实验条件的限制，难以完成对自然现象更精确的理解。随着科学的进步，人类开始采用各种数学、几何、物理等理论，构建问题模型和解决方案。例如，牛顿第一定律、牛顿第二定律、牛顿第三定律构成了牛顿力学的完整体系，奠定了经典力学的概念基础，它的广泛传播和运用对人们的生活和思想产生了重大影响，在很大程度上推动了人类社会的发展与进步。

(3) 第三种范式：计算科学。随着 1946 年人类历史上第一台计算机 ENIAC 的诞生，人类社会开始步入计算机时代，科学研究也进入了一个以"计算"为中心的全新时期。在实际应用中，计算科学主要用于对各个科学问题进行计算机模拟和其他形式的计算。通过设计算法并编写相应程序输入计算机运行，人类可以借助计算机的高速运算能力去解决各种问题。计算机具有存储容量大、运算速度快、精度高、可重复执行等特点，是科学研究的利器，推动了人类社会的飞速发展。

(4) 第四种范式：数据密集型科学。随着数据的不断累积，其宝贵价值日益得到体现，物联网和云计算的出现，更是促成了事物发展从量变到质变的转变，使人类社会开启了全新的大数据时代。这时，计算机不仅仅能做模拟仿真，还能进行分析总结，得到理论。在大数据环境下，一切将以数据为中心，从数据中发现问题、解决问题，真正体现数据的价值。

大数据成为科学工作者的宝藏，从数据中可以挖掘未知模式和有价值的信息，服务于生产和生活，推动科技创新和社会进步。虽然第三种范式和第四种范式都是利用计算机来进行计算，但是两者还是有本质的区别的。在第三种研究范式中，一般是先提出可能的理论，再搜集数据，然后通过计算来验证。而对于第四种研究范式，则是先有了大量已知的数据，然后通过计算得出之前未知的理论。

---

①任友理. 大数据技术与应用［M］. 西安：西北工业大学出版社，2018：11.

2. 大数据对思维方式的影响

大数据时代最大的转变就是思维方式的三种转变：全样而非抽样、效率而非精确、相关而非因果。

（1）全样而非抽样。过去，由于数据存储和处理能力的限制，在科学分析中，通常采用抽样的方法，即从全集数据中抽取一部分样本数据，通过对样本数据的分析来推断全集数据的总体特征。通常，样本数据规模要比全集数据小很多，因此，可以在可控的代价内实现数据分析的目的。现在，人们已经迎来了大数据时代，大数据技术的核心就是海量数据的存储和处理，分布式文件系统和分布式数据库技术提供了理论上近乎无限的数据存储能力，分布式并行编程框架 MapReduce 提供了强大的海量数据并行处理能力。

因此，有了大数据技术的支持，科学分析完全可以直接针对全集数据而不是抽样数据，并且可以在短时间内迅速得到分析结果，速度之快，超乎想象。

（2）效率而非精确。过去，在科学分析中采用抽样分析方法，就必须追求分析方法的精确性，因为抽样分析只是针对部分样本的分析，其分析结果被应用到全集数据以后，误差会被放大，这就意味着，抽样分析的微小误差被放大到全集数据以后，可能会变成一个很大的误差。因此，为了保证误差被放大到全集数据时仍然处于可以接受的范围，就必须确保抽样分析结果的精确性。正是由于这个原因，传统的数据分析方法往往更加注重提高算法的精确性，其次才是提高算法效率。

现在，大数据时代采用全样分析而不是抽样分析，全样分析结果就不存在误差被放大的问题。因此，追求高精确性已经不是其首要目标；相反，大数据时代具有"秒级响应"的特征，要求在几秒钟内就迅速给出针对海量数据的实时分析结果，否则就会丧失数据的价值，因此，数据分析的效率成为关注的核心。

（3）相关而非因果。过去，数据分析的目的，一方面是解释事物背后的发展机理，例如，一个大型超市在某个地区的连锁店在某个时期内净利润下降很多，这就需要 IT 部门对相关销售数据进行详细分析找出发生问题的原因；另一方面是用于预测未来可能发生的事件，例如，通过实时分析微博数据，当发现人们对雾霾的讨论明显增加时，就可以建议销售部门增加口罩的进货量，因为人们关注雾霾的一个直接结果是，大家会想到购买口罩来保护自己的身体健康。不管是哪个目的，其实都反映了一种"因果关系"。但是，在大数据时代，因果关系不再那么重要，人们转而追求"相关性"而非"因果性"。例如，人们去网络购物时，当购买了汽车防盗锁以后，网络购物平台还会自动提示，与消费者购买相同物品的其他客户还购买了汽车坐垫，换言之，网络购物平台只会告诉消费者"购买汽车防盗锁"和"购买汽车坐垫"之间存在相关性，但是并不会阐释其他客户购买了汽车防盗锁以后还会购买汽车坐垫的理由。

3. 大数据对社会发展的影响

大数据会对社会发展产生深远的影响，具体表现在：大数据决策成为一种新的决策方式，大数据应用促进信息技术与各行业的深度融合，大数据开发推动新技术和新应用的不断涌现。

（1）大数据决策成为一种新的决策方式。根据数据制定决策，并非大数据时代所特有。从 20 世纪 90 年代开始，数据仓库和商务智能工具就开始大量用于企业决策。发展到今天，数据仓库已经是一个集成的信息存储仓库，既具备批量和周期性的数据加载能力，也具备数据变化的实时探测、传播和加载能力，并能结合历史数据和实时数据实现查询分析和自动规则触发，从而提供对战略决策（如宏观决策和长远规划等）和战术决策（如实时营销和个性化服务等）的双重支持。但是，数据仓库以关系数据库为基础，无论是数据类型还是数据量方面都存在较大的限制。

现在，大数据决策可以面向类型繁多的、非结构化的海量数据进行决策分析，已经成为受到追捧的全新决策方式。例如，政府部门可以把大数据技术融入"舆情分析"，通过对论坛、微博、微信、社区等多种来源数据进行综合分析，弄清或测验信息中本质性的事实和趋势，揭示信息中含有的隐性情报内容，对事物发展做出情报预测，协助实现政府决策，有效应对各种突发事件。

（2）大数据应用促进信息技术与各行业的深度融合。互联网、银行、保险、交通、材料、能源、服务等行业领域，不断累积的大数据将加速推进这些行业与信息技术的深度融合，开拓行业发展的新方向。例如，大数据可以帮助快递公司选择运费成本最低的最佳行车路径，协助投资者选择收益最大化的股票投资组合，辅助零售商有效定位目标客户群体，帮助互联网公司实现广告精准投放，还可以让电力公司做好配送电计划确保电网安全等。总而言之，大数据所触及的每个角落，社会生产和生活都会因之而发生巨大且深刻的变化。

（3）大数据开发推动新技术和新应用的不断涌现。大数据的应用需求是大数据新技术开发的源泉。在各种应用需求的强烈驱动下，各种突破性的大数据技术将被不断提出并得到广泛应用，数据的能量也将不断得到释放。在不远的将来，原来那些依靠人类自身判断力的领域应用，将逐渐被各种基于大数据的应用所取代。例如，今天的汽车保险公司，只能凭借少量的车主信息对客户进行简单类别划分，并根据客户的汽车出险次数给予相应的保费优惠方案，客户选择哪家保险公司都没有太大差别。随着车联网的出现，"汽车大数据"将会深刻改变汽车保险业的商业模式，如果某家商业保险公司能获取客户车辆的相关细节信息,并利用事先构建的数学模型对客户等级进行更加细致的判定,给予更加个性化的"一对一"优惠方案,那么这家保险公司将具备明显的市场竞争优势,获得更多客户的青睐。

(七) 大数据平台

1. 大数据平台的能力

实现对大数据的管理需要大数据技术的支撑,但仅仅使用单一的大数据技术实现大数据的存储、查询、计算等不利于日后的维护与扩展,因此构建一个统一的大数据平台至关重要。

(1) 数据采集能力。拥有数据采集能力要有数据来源,在大数据领域,数据是核心资源。数据的来源方式有很多,主要包括公共数据(如微信、微博、公共网站等公开的互联网数据)、企业应用程序的埋点数据(企业在开发自己的软件时会接入记录功能按钮及页面的点击等行为数据)以及软件系统本身用户注册及交易产生的相关用户及交易数据。对数据的分析与挖掘都需要建立在这些原始数据的基础上,而这些数据通常具有来源多、类型杂、体量大三个特点。因此大数据平台需要具备对各种来源和各种类型的海量数据的采集能力。

(2) 数据存储能力。在大数据平台对数据进行采集之后,就需要考虑如何存储这些海量数据的问题了,根据业务场景和应用类型的不同会有不同的存储需求。例如针对数据仓库的场景,数据仓库的定位主要是应用于联机分析处理,因此往往会采用关系型数据模型进行存储;针对一些实时数据计算和分布式计算场景,通常会采用非关系型数据模型进行存储;还有一些海量数据会以文档数据模型的方式进行存储。因此大数据平台需要具备提供不同的存储模型以满足不同场景和需求的能力。

(3) 数据处理与计算能力。在对数据进行采集并存储下来之后,就需要考虑如何使用这些数据了。需要根据业务场景对数据进行处理,不同的处理方式会有不同的计算需求。例如针对数据量非常大但是对时效性要求不高的场景,可以使用离线批处理;针对一些对时效性要求很高的场景,就需要用分布式实时计算来解决了。因此大数据平台需要具备灵活的数据处理和计算的能力。

(4) 数据分析能力。在对数据进行处理后,就可以根据不同的情形对数据进行分析了。如可以应用机器学习算法对数据进行训练,然后进行一些预测和预警等;还可以运用多维分析对数据进行分析来辅助企业决策等。因此大数据平台需要具备数据分析的能力。

(5) 数据可视化与应用能力。数据分析的结果仅用数据的形式进行展示显得单调且不够直观，因此需要把数据进行可视化，以提供更加清晰直观的展示形式。对数据的一切操作最后还是要落实到实际应用中去，只有应用到现实生活中才能体现数据真正的价值。因此大数据平台需要具备数据可视化并能进行实际应用的能力。

2. 大数据平台的架构

随着数据的爆炸式增长和大数据技术的快速发展，很多国内外知名的互联网企业，如谷歌（Google）、阿里巴巴、腾讯等早已开始布局大数据领域，他们构建了自己的大数据平台架构。根据这些著名公司的大数据平台以及大数据平台应具有的能力可得出，大数据平台架构应具有数据源层、数据采集层、数据存储层、数据处理层、数据分析层及数据可视化及其应用的 6 个层次。

（1）数据源层。在大数据时代，谁掌握了数据，谁就有可能掌握未来，数据的重要性不言而喻。众多互联网企业把数据看作他们的财富，有了足够的数据，他们才能分析用户的行为，了解用户的喜好，更好地为用户服务，从而促进企业自身的发展。

数据来源一般为生产系统产生的数据，以及系统运维产生的用户行为数据、日志式的活动数据、事件信息等，如电商系统的订单记录、网站的访问日志、移动用户手机上网记录、物联网行为轨迹监控记录。

（2）数据采集层。数据采集是大数据价值挖掘最重要的一环，其后的数据处理和分析都建立在采集的基础上。大数据的数据来源复杂多样，而且数据格式多样、数据量大。因此，大数据的采集需要实现利用多个数据库接收来自客户端的数据，并且应该将这些来自前端的数据导入一个集中的大型分布式数据库或者分布式存储集群，同时可以在导入的基础上做一些简单的清洗工作。

数据采集用到的工具有 Kafka、Sqoop、Flume、Avro 等。其中 Kafka 是一个分布式发布订阅消息系统，主要用于处理活跃的流式数据，作用类似缓存，即活跃的数据和离线处理系统之间的缓存。Sqoop 主要用于在 Hadoop 与传统的数据库之间进行数据的传递，可以将一个关系型数据库中的数据导入 Hadoop 的存储系统中，也可以将 HDFS 的数据导入关系型数据库中。Flume 是一个高可用、高可靠、分布式的海量日志采集、聚合和传输的系统，它支持在日志系统中定制各类数据发送方，用于收集数据。Avro 是一种远程过程调用和数据序列化框架，使用 JSON 来定义数据类型和通信协议，使用压缩二进制格式来序列化数据，为持久化数据提供一种序列化格式。

（3）数据存储层。在大数据时代，数据类型复杂多样，其中主要以半结构化和非结构化为主，传统的关系型数据库无法满足这种存储需求。因此针对大数据结构复杂多样的特点，可以根据每种数据的存储特点选择最合适的解决方案。对非结构化数据采用分布式文

件系统进行存储，对结构松散无模式的半结构化数据采用列存储、键值存储或文档存储等
NoSQL 存储，对海量的结构化数据采用分布式关系型数据库存储。

文件存储有 HDFS 和 GFS 等。HDFS 是一个分布式文件系统，是 Hadoop 体系中数据存储管理的基础，GFS 是 Google 研发的一个适用于大规模数据存储的可拓展分布式文件系统。

NoSQL 存储有列存储 HBase、文档存储 MongoDB、图存储 Neo4j、键值存储 Redis 等。HBase 是一个高可靠、高性能、面向列、可伸缩的动态模式数据库。MongoDB 是一个可扩展、高性能、模式自由的文档性数据库。Neo4j 是一个高性能的图形数据库，它使用图相关的概念来描述数据模型，把数据保存为图中的节点以及节点之间的关系。Redis 是一个支持网络、基于内存、可选持久性的键值存储数据库。

关系型存储有 Oracle、MySQL 等传统数据库。Oracle 是甲骨文公司推出的一款关系数据库管理系统，拥有可移植性好、使用方便、功能强等优点。MySQL 是一种关系数据库管理系统，具有速度快、灵活性高等优点。

（4）数据处理层。计算模式的出现有力地推动了大数据技术和应用的发展，然而，现实世界中的大数据处理问题的模式复杂多样，难以有一种单一的计算模式能涵盖所有不同的大数据处理需求。因此，针对不同的场景需求和大数据处理的多样性，产生了适合大数据批处理的并行计算框架 MapReduce，交互式计算框架 Tez，迭代式计算框架 GraphX、Hama，实时计算框架 Druid，流式计算框架 Storm、SparkStreaming 等，以及为这些框架可实施的编程环境和不同种类计算的运行环境（大数据作业调度管理器 ZooKeeper，集群资源管理器 YARN 和 Mesos）。

Spark 是一个基于内存计算的开源集群计算系统，它的用处在于让数据处理更加快速。MapReduce 是一个分布式并行计算软件框架，用于大规模数据集的并行运算。Tez 是一个基于 YARN 之上的 DAG 计算框架，它可以将多个有依赖的作业转换为一个作业，从而大幅提升 DAG 作业的性能。GraphX 是一个同时采用图并行计算和数据并行计算的计算框架，它在 Spark 之上提供一站式数据解决方案，可方便高效地完成一整套流水作业。Hama 是一个基于 BSP 模型（整体同步并行计算模型）的分布式计算引擎。Druid 是一个用于大数据查询和分析的实时大数据分析引擎，主要用于快速处理大规模的数据，并能实现实时查询和分析。Storm 是一个分布式、高容错的开源流式计算系统，它简化了面向庞大规模数据流的处理机制。SparkStreaming 是建立在 Spark 上的应用框架，可以实现高吞吐量、具备容错机制的实时流数据的处理。YARN 是一个 Hadoop 资源管理器，可为上层应用提供统一的资源管理和调度。Mesos 是一个开源的集群管理器，负责集群资源的分配，可对多集群中的资源做弹性管理。ZooKeeper 是一个以简化的 Paxos 协议作为理论基础实现的分布

式协调服务系统，它为分布式应用提供高效且可靠的分布式协调一致性服务。

（5）数据分析层。数据分析是指通过分析手段、方法和技巧对准备好的数据进行探索、分析，从中发现因果关系、内部联系和业务规律，从而提供决策参考。在大数据时代，人们迫切希望在由普通机器组成的大规模集群上实现高性能的数据分析系统，为实际业务提供服务和指导，进而实现数据的最终变现。

常用的数据分析工具有 Hive、Pig、Impala、Kylin，类库有 MLlib 和 SparkR 等。Hive是一个数据仓库基础构架，主要用来进行数据的提取、转化和加载。Pig 是一个大规模数据分析工具，它能把数据分析请求转换为一系列经过优化处理的 MapReduce 运算。Impala是 Cloudera 公司主导开发的 MPP 系统，允许用户使用标准 SQL 处理存储在 Hadoop 中的数据。Kylin 是一个开源的分布式分析引擎，提供 SQL 查询接口及多维分析能力以支持超大规模数据的分析处理。MLlib 是 Spark 计算框架中常用机器学习算法的实现库。SparkR 是一个 R 语言包，它提供了轻量级的方式，使我们可以在 R 语言中使用 Apache Spark。

（6）数据可视化及其应用。数据可视化技术可以提供更为清晰直观的数据表现形式，将数据和数据之间错综复杂的关系通过图片、映射关系或表格，以简单、友好、易用的图形化、智能化的形式呈现给用户，供其分析使用。可视化是人们理解复杂现象、诠释复杂数据的重要手段和途径，可通过数据访问接口或商业智能门户实现，以直观的方式表达出来。可视化与可视化分析通过交互可视界面来进行分析、推理和决策，可从海量、动态、不确定，甚至相互冲突的数据中整合信息，获取对复杂情景的更深层的理解，供人们检验已有预测，探索未知信息，同时提供快速、可检验、易理解的评估和更有效的交流手段。

大数据应用目前朝着两个方向发展：一是以营利为目的的商业大数据应用；二是不以营利为目的，侧重于为社会公众提供服务的大数据应用。商业大数据应用主要以Facebook、Google、淘宝、百度等公司为代表，这些公司以自身拥有的海量用户信息、行为、位置等数据为基础，提供个性化广告推荐、精准化营销、经营分析报告等；公共服务的大数据应用，如搜索引擎公司提供的诸如流感趋势预测、春运客流分析、紧急情况响应、城市规划、路政建设、运营模式等得到广泛应用。

二、大数据 Hadoop 生态系统

（一）Hadoop 的发行版本

Hadoop 是一个由 Apache 基金会开发的分布式系统基础架构。用户可以在不了解分布式底层细节的情况下，开发分布式程序，充分利用集群的威力进行高速运算和存储。

Hadoop 是一个分布式系统的基础架构。Hadoop 的框架最核心的设计就是 HDFS 和 MapReduce。HDFS 为海量的数据提供了存储。HDFS 有高容错性的特点，并且设计用来部署在低廉的硬件上；而且它提供高吞吐量来访问应用程序的数据，适合那些有着超大数据集的应用程序。HDFS 放宽了 POSIX 的要求，可以以流的形式访问。MapReduce 则为海量的数据提供了计算。Hadoop 目前除了社区版外，还有众多厂商的发行版本。各个厂商发布的版本有一些差异，各个主流的发行版本具体分析如下：

第一，Cloudera。最成型的发行版本，拥有最多的部署案例；提供强大的部署、管理和监控工具。Cloudera 开发并贡献了可实时处理大数据的 Impala 项目。

第二，Horton works。100%开源的 Apache Hadoop 唯一提供商。Horton works 是第一家使用 Apache Hcatalog 的元数据服务特性的提供商，并且它们的 Stinger 极大地优化了 Hive 项目。Horton works 为人们提供了一个非常好的、易于使用的沙盒。Horton works 开发了很多增强特性并提交至核心主干，这使得 Apache Hadoop 能在包括 Windows Server 和 Windows Azure 在内的 Microsoft Windows 平台上本地运行。

第三，MapReduce。与竞争者相比，它使用了一些不同的概念，特别是为了获取更好的性能和易用性而支持本地 UNIX 文件系统而不是 HDFS（使用非开源的组件）。可以使用本地 UNIX 命令来代替 Hadoop 命令。除此之外，MapReduce 还凭借诸如快照、镜像或有状态的故障恢复之类的高可用特性来与其他竞争者相区别。该公司也领导着 Apache Drill 项目。本项目是 Google 的 Dremel 的开源项目的重新实现，目的是在 Hadoop 数据上执行类似 SQL 的查询以提供实时处理。

第四，Amazon Elastic MapReduce（EMR）。与其他提供商不同的是，这是一个托管的解决方案，运行在由 Amazon Elastic Compute Cloud（AmazonEC2）和 Amazon Simple Strorage Service（AmzonS3）组成的网络规模的基础设施上。除了 Amazon 的发行版本之外，也可以在 EMR 上使用 MapReduce，临时集群是主要的使用情形。如果需要一次性的或不常见的大数据处理，EMR 可以节省大笔开支。然而，这也存在不利之处。它只包含了 Hadoop 生态系统中 Pig 和 Hive 项目，在默认情况下不包含其他很多项目。并且，EMR 是高度优化成与 S3 中的数据一起工作的，这种方式会有较高的延时，并且不会定位于计算节点上的数据。所以处于 EMR 上的文件 IO 比起自己的 Hadoop 集群或私有的 EC2 集群来说会慢很多，并有更大的延时。

（二）Hadoop 的基本原理

1. Hadoop HDFS

Hadoop 提供一个分布式文件系统架构（Hadoop Distributed File System，HDFS）。HDFS 有着高容错性的特点，并且设计用来部署在相对低成本的 x86 服务器上，而且它提供高传输率来访问应用程序的数据，适合有超大数据集的应用程序。

HDFS 的架构建立在大量普通配置的计算机组成的集群上。集群中的节点通常运行 GNU/Linux 操作系统，同时必须支持 Java，因为 HDFS 是用 Java 实现的。HDFS 采用了主从（Master/Slave）架构，一个集群有一个 Master 和多个 Slave，前者称为名字节点（NameNode），后者称为数据节点（DataNode）。理论上一台计算机可以运行多个 DataNode 进程、一个 NameNode 进程（这个进程在整个集群中是唯一的），但是在实际情况中往往是一台计算机只运行一个 DataNode 或 NameNode，一个文件被分割成若干 Block 存储在一组 DataNode 上。NameNode 负责打开、关闭和重命名文件及目录，同时建立 Block 与 DataNode 之间的映射；DataNode 负责响应客户的读/写需求，同时在 NameNode 的指挥下实现 Block 的建立、删除以及复制。

HDFS 数据上传过程如下：

（1）Client 端发送一个添加文件到 HDFS 的请求给 NameNode。

（2）NameNode 告诉 Client 端如何来分发数据块以及分发的位置。

（3）Client 端把数据分为块（Block），然后把这些块分发到 DataNode 中。

（4）DataNode 在 NameNode 的指导下复制这些块，保持冗余。

2. Hadoop MapReduce

MapReduce 是 Google 公司于 2004 年提出的能开发处理海量数据的并行编程模型，其特点是简单易学、适用广泛，能降低并行编程难度，让程序员从繁杂的并行编程工作中解脱出来，轻松地编写简单、高效的并行程序。

（1）Hadoop MapReduce 的优点。Hadoop 的 MapReduce 是一个能对大量数据进行分布式处理的软件开发框架，是一个能让用户轻松架构和使用的分布式计算平台。用户可以轻松地在 Hadoop 上开发和运行处理海量数据的应用程序，它主要有以下优点：

第一，高可靠性。Hadoop 的海量存储和处理数据的能力极强，同时具备高可靠性。

第二，高扩展性。Hadoop 采用分布式设计，可以方便地扩展到数以千计的节点中。

第三，高效性。Hadoop 能在节点之间动态地移动数据，并保证各个节点的动态平衡，因此处理速度非常快。

第四，高容错性。Hadoop 能自动保存数据的多个副本，并且能自动将失败的任务重新分配。

第五，高性价比。与常见的大数据处理一体机、商用数据仓库等数据集市相比，Hadoop 是开源的，设备通常采用高性价比的 x86 服务器，项目的软硬件成本因此会降低。

MapReduce 将复杂且运行在大规模集群上的并行计算过程抽象到 Map 和 Reduce 两个函数。Map 和 Reduce 处理数据的主要思路是：将待处理数据集分解成许多小的数据集，所有小的数据集可以完全并行地进行处理。因此，一个 MapReduce 作业（Job）通常把数据集分解为若干独立数据块，由 map 任务（Task）以完全并行方式运行处理它们。框架会对 map 的输出先进行排序，并把结果输入 reduce 任务。通常，MapReduce 框架的计算节点和存储节点是运行在同一组节点上的，即 MapReduce 和 HDFS 运行的节点通常是在一起的，这使得集群的网络带宽利用更加高效。

（2）Hadoop MapReduce 的阶段。MapReduce 框架包括一个主节点（Resource Manager）、多个子节点（Node Manager）和 MR App Master（每个任务一个）共同构成。应用程序需要至少指明输入/输出的位置，并通过实现合适的接口或抽象类提供 map 和 reduce 函数，再加上其他作业的参数，就构成了作业配置（Job Configuration）。Hadoop 的 job-client 提交作业和配置信息给 Resource Manager，Resource Manager 负责分发这些软件和配置信息给 slave 节点、调度任务并且监控这些 slave 节点的执行过程，将状态和诊断信息反馈给 job-client。针对上述的流程可以分为以下两个阶段来描述：

第一，Map 阶段。①Input Format 根据输入文件产生键值对，并传送到 Mapper 类的 map 函数中；②map 输出键值对到一个没有排序的缓冲内存中；③当缓冲内存达到给定值或者 map 任务完成，在缓冲内存中的键值对就会被排序，然后输出到磁盘中的溢出文件；④如果有多个溢出文件，则整合这些文件到一个文件中，且是排序的；⑤这些排序过的、在溢出文件中的键值对会等待 Reducer 的获取。

第二，Reduce 阶段。①Reducer 获取 Mapper 的记录，然后产生另外的键值对，最后输出到 HDFS 中；②shuffle 相同的 key 被传送到同一个 Reducer 中；③当有一个 Mapper 完成后，Reducer 就开始获取相关数据，所有的溢出文件会被排序到一个内存缓冲区中；④当内存缓冲区满之后，就会产生溢出文件到本地磁盘；⑤当 Reducer 所有相关的数据都传输完成后，所有溢出文件就会被整合和排序；⑥Reducer 中的 reduce 方法针对每个 key 调用一次；⑦Reducer 的输出到 HDFS。

3. Hadoop YARN

Apache Hadoop YARN（Yet Another Resource Negotiator，另一种资源协调者）是一种

新的 Hadoop 资源管理器，它是一个通用资源管理系统，可为上层应用提供统一的资源管理和调度，它的引入为集群在利用率、资源统一管理和数据共享等方面带来了巨大好处。

YARN 的基本思想是将 Job Tracker 的两个主要功能（资源管理和作业调度/监控）进行分离，主要方法是创建一个全局的 Resource Manager（RM）和若干个针对应用程序的 Application Master（AM）。这里的应用程序是指传统的 MapReduce 作业或作业的 DAG（有向无环图）。

YARN 分层结构的本质是 Resource Manager。这个实体控制整个集群并管理应用程序向基础计算资源的分配。Resource Manager 将各个资源部分（计算、内存、带宽等）精心安排给基础 Node Manager（YARN 的每节点代理）。Resource Manager 还与 Application Master 一起分配资源，与 Node Manager 一起启动和监视它们的基础应用程序。Application Master 承担了以前的 Task Tracker 的一些角色，Resource Manager 承担了 Job Tracker 的角色。

Resource Manager 是 YARN 资源控制框架的中心模块，负责集群中所有资源的统一管理和分配。它接收来自 NM 的汇报，建立 Application Master，并将资源派送给 Application Master。

下述提交一个 job 的处理过程：

（1）Client submit 一个 job 到 RM，进入 RM 中的 Scheduler 队列供调度。

（2）RM 根据 NM 汇报的资源情况（NM 会定时汇报资源和 container 使用情况），请求一个合适的 NM launch container，以启动运行 AM。

（3）AM 启动后，注册到 RM 上，以使 Client 可以查到 AM 的信息，便于 Client 直接和 AM 通信。

（4）AM 启动后，根据 job 相关的 split 的 task 情况，会和 RM 协商申请 container 资源。

（5）RM 分配给 AM container 资源后，根据 container 的信息，向对应的 NM 请求 launch container。

（6）NM 启动 container 运行 task，运行过程中向 AM 汇报进度状态信息，类似于 MRVL 中 task 的汇报，同时 NM 也会定时地向 RM 汇报 container 的使用情况。

（7）在 application（job）执行过程中，Client 可以和 AM 通信，获取 application 相关的进度和状态信息。

（8）在 application（job）完成后，AM 通知 RMClear 自己的相关信息并关闭，释放自己占用的 container。

（三）Hadoop 的生态系统

Hadoop 生态系统主要包括 Hive、HBase、Pig、Sqoop、Flume、ZooKeeper、Mahout、

Spark、Storm、Shark、Phoenix、Tez、Ambari。各项目的基本情况如下：

第一，Hive。用于 Hadoop 的一个数据仓库系统，它提供了类似于 SQL 的查询语言，通过使用该语言，可以方便地进行数据汇总、特定查询以及分析存放在 Hadoop 兼容文件系统中的大数据。

第二，HBase。一种分布的、可伸缩的大数据存储库，支持随机、实时读/写访问。

第三，Pig。分析大数据集的一个平台，该平台由一种表达数据分析程序的高级语言和对这些程序进行评估的基础设施一起组成。

第四，Sqoop。为高效传输批量数据而设计的一种工具，用于 Apache Hadoop 和结构化数据存储库（如关系数据库）之间的数据传输。

第五，Flume。一种分布式的、可靠的、可用的服务，用于高效搜集、汇总、移动大量日志数据。

第六，ZooKeeper。一种集中服务，用于维护配置信息、命名、提供分布式同步以及提供分组服务。

第七，Mahout。一种基于 Hadoop 的机器学习和数据挖掘的分布式计算框架算法集，实现了多种 MapReduce 模式的数据挖掘算法。

第八，Spark。一个开源的数据分析集群计算框架，最初由加州大学伯克利分校 AMP Lab 开发，建立于 HDFS 之上。Spark 与 Hadoop 一样，用于构建大规模、低延时的数据分析应用。Spark 采用 Scala 语言实现，使用 Scala 作为应用框架。

第九，Storm。一个分布式的、容错的实时计算系统，由 Back Type 开发，后被 Twitter 收购。Storm 属于流处理平台，多用于实时计算并更新数据库。Storm 也可用于"连续计算"（Continuous Computation），对数据流进行连续查询，在计算时就将结果以流的形式输出给用户。它还可用于"分布式 RPC"，以并行的方式运行大型的运算。

第十，Shark。即 Hiveon Spark，一个专为 Spark 打造的大规模数据仓库系统，兼容 Apache Hive。无须修改现有的数据或者查询，就可以用 100 倍的速度执行 HiveQL。Shark 支持 Hive 查询语言、元存储、序列化格式及自定义函数，与现有 Hive 部署无缝集成，是一个更快、更强大的替代方案。

第十一，Phoenix。构建在 Apache HBase 之上的一个 SQL 中间层，完全使用 Java 编写，提供了一个客户端可嵌入的 JDBC 驱动。Phoenix 查询引擎会将 SQL 查询转换为一个或多个 HBasescan，并编排执行以生成标准的 JDBC 结果集。直接使用 HBaseAPI、协同处理器与自定义过滤器，对简单查询来说，性能量级是毫秒，对百万级别的行数来说，性能量级是秒。

第十二，Tez。一个基于 Hadoop YARN 之上的 DAG（有向无环图，Directed Acyclic-

Graph）计算框架。它把 Map/Reduce 过程拆分成若干个子过程，同时可以把多个 Map/Reduce 任务组合成一个较大的 DAG 任务，减少了 Map/Reduce 之间的文件存储。同时合理组合其子过程，减少任务的运行时间。

第十三，Ambari 是一个数据序列化系统，提供了丰富的数据结构类型、快读可压缩的二进制数据格式、存储持久数据的文件容器、可远程过程调用等。

（四）Hadoop 的应用领域

数据处理模式会发生变化，不再是传统的针对每个事务从众多源系统中拉数据，而是由源系统将数据推至 HDFS，ETL 引擎处理数据，然后保存结果。结果可以用 Hadoop 分析，也可以提交到传统报表和分析工具中分析。经证实，使用 Hadoop 存储和处理结构化数据可以减少 10 倍的成本，并可以提升 4 倍的处理速度。以金融行业为例，Hadoop 在以下方面可以对用户的应用有帮助。

第一，涉及的应用领域：内容管理平台。海量低价值密度的数据存储，可以实现结构化、半结构化、非结构化数据存储。

第二，涉及的应用领域：风险管理、反洗钱系统等。利用 Hadoop 做海量数据的查询系统或者离线的查询系统。例如用户交易记录的查询，甚至是一些离线分析都可以在 Hadoop 上完成。

第三，涉及的应用领域：为用户行为分析及组合式推销。为用户行为分析与复杂事务处理提供相应的支撑，例如基于用户位置的变化进行广告投送，进行精准广告的推送，都可以通过 Hadoop 数据库的海量数据分析功能来完成。

第二节　大数据处理与数据挖掘技术

一、大数据处理技术

大数据处理一般是使用 MapReduce 处理框架。MapReduce 是一种面向大规模海量数据处理的高性能并行计算平台和软件编程框架，当前的软件实现是指定一个 Map（映射）函数，用来把一组键值对映射成一组新的键值对，指定并发的 Reduce（归约）函数，用来保证所有映射的键值对中的每一个共享相同的键组。

MapReduce 是面向大规模数据并行处理的，这可以体现在三个方面：一是基于集群的高性能并行计算平台，允许用市场上现成的普通 PC 或性能较高的刀片、机架式服务器，构成一个包含数千个节点的分布式并行计算集群；二是并行程序开发与运行框架，提供了一个庞大但设计精良的并行计算软件构架，能自动完成计算任务的并行化处理，自动划分计算数据和计算任务，在集群节点上自动分配和执行子任务以及收集计算结果，将数据分布存储、数据通信、容错处理等并行计算中的很多复杂细节交由系统负责处理，减少了软件开发人员的负担；三是并行程序设计模型与方法，借助函数式语言中的设计思想，提供了一种简便的并行程序设计方法，用 Map 和 Reduce 两个函数编程实现基本的并行计算任务，提供了完整的并行编程接口，可以完成大规模数据处理。

（一）MapReduce 的起源

随着社会科学技术的发展，数据规模及复杂度给计算性能带来了巨大的挑战——一方面是爆炸性增长的 Web 规模数据量；另一方面是更多应用场景有超大的计算量或者计算复杂度。

分布式并行计算框架 MapReduce 之所以会出现，并在大数据行业获得广泛支持，主要原因有以下三方面：

第一，并行计算技术和并行程序设计的复杂性。依赖于不同类型的计算问题、数据特征、计算要求和系统构架，并行计算技术较为复杂，程序设计需要考虑数据划分、计算任务和算法划分，数据访问和通信同步控制，软件开发难度大，难以找到统一和易于使用的计算框架和编程模型与工具。

第二，海量数据处理需要有效的并行处理技术。在处理海量数据时，依靠 MPI 等并行处理技术难以奏效。

第三，MapReduce 是面向海量数据处理非常成功的技术。MapReduce 推出后，被当时的工业界和学界公认为有效和易于使用的海量数据并行处理技术。在当时的数年中，Google、Yahoo、IBM、Amazon、百度、淘宝、腾讯等国内外公司普遍使用 MapReduce。

总体来讲，MapReduce 是一种面向大规模海量数据处理的高性能并行计算平台和软件编程框架，广泛应用于搜索引擎（文档倒排索引、网页链接图分析与页面排序等）、Web日志分析、文档分析处理、机器学习、机器翻译等各种大规模数据并行计算应用领域。

（二）MapReduce 的组建

MapReduce 采用同 HDFS 一样的 Master/Slave （M/S） 架构，它主要由这几个组件组成：Client、Job Tracker、Task Tracker 和 Task。

第一，Client。在 Hadoop 内部用"作业"（Job）表示 MapReduce 程序。用户可以编写 MapReduce 程序，通过 Client 提交到 Job Tracker 端；同时，用户可通过 Client 提供的一些

接口查看作业运行状态。一个 MapReduce 程序可对应若干个作业，而每个作业会被分解成若干个 Map/Reduce 任务（Task）。

第二，Job Tracker。Job Tracker 主要负责资源监控和作业调度。Job Tracker 监控所有 Task Tracker 与作业的健康状况，一旦发现失败情况，其会将相应的任务转移到其他节点；同时 Job Tracker 会跟踪任务的执行进度、资源使用量等信息，并将这些信息告诉任务调度器，而任务调度器会在资源出现空闲时，选择合适的任务使用这些资源。在 Hadoop 中，任务调度器是一个可插拔的模块，用户可以根据自己的需要设计相应的任务调度器。

第三，Task Tracker。Task Tracker 会周期性地通过 Heartbeat 将本节点上资源的使用情况和任务的运行进度汇报给 Job Tracker，同时接收 Job Tracker 发送过来的命令并执行相应的操作（如启动新任务、杀死任务等）。Task Tracker 使用"slot"等量划分本节点上的资源量。"slot"代表计算资源（CPU、内存等）。一个 Task 获取到一个 slot 后才有机会运行，而 Hadoop 调度器的作用就是将各个 Task Tracker 上的空闲 slot 分配给 Task 使用。slot 分为 Map slot 和 Reduce slot 两种，分别供 Map Task 和 Reduce Task 使用。Task Tracker 通过 slot 数目（可配置参数）限定 Task 的并发度。

第四，Task。Task 分为 Map Task 和 Reduce Task 两种，均由 Task Tracker 启动。HDFS 以固定大小的 block 为基本单位存储数据，而对 MapReduce 而言，其处理单位是 split。split 是一个逻辑概念，它只包含一些元数据信息，例如数据起始位置、数据长度、数据所在节点等，它的划分方法完全由用户自己决定。但需要注意的是，split 的多少决定了 Map Task 的多少，因为每个 split 都会交由一个 Map Task 处理。

Map Task 先将对应的 split 迭代解析成一个个 key/value，然后依次调用用户自定义的 Map 函数进行处理，最终将临时结果存放到本地磁盘上，其中临时数据被分成若干个 partition，每个 partition 都将被一个 Reduce Task 处理。

Reduce Task 的执行过程又分为三个阶段：①从远程节点上读取 Map Task 中间结果（称为"shuffle 阶段"）；②key/value 键值对按照 key 进行排序（称为"sort 阶段"）；③依次读取<key，value list>，调用用户自定义的 reduce 函数处理，并将最终结果存到 HDFS 上（称为"reduce 阶段"）。

（三）MapReduce 的运行

MapReduce 的完整计算过程：①有一个待处理的大数据，被划分为大小相同的数据块（如 64MB），以及与此相应的用户作业程序；②系统中有一个负责调度的主节点，以及数据 Map 和 Reduce 节点；③用户作业程序提交给主节点；④主节点为作业程序寻找和配备可用的 Map 节点，并将程序传送给 Map 节点；⑤主节点也为作业程序寻找和配备可用的

Reduce 节点，并将程序传送给 Reduce 节点。

下面从逻辑实体的角度讲解 MapReduce 运行机制，MapReduce 的运行过程按照时间顺序包括输入分片、Map 阶段、combiner 阶段、shuffle 阶段和 Reduce 阶段。

第一，输入分片。在进行 Map 计算之前，MapReduce 会根据输入文件计算输入分片，每个输入分片都针对一个 Map 任务，输入分片存储的并非数据本身，而是一个分片长度和一个记录数据位置的数组，输入分片往往和 HDFS 的 block（块）关系很密切。假如设定 HDFS 的块的大小是 64MB，如果输入有三个文件，大小分别是 3MB、65MB 和 127MB，那么 MapReduce 会把 3MB 文件分为一个输入分片，把 65MB 文件分为两个输入分片，而把 127MB 文件也分为两个输入分片。如果在 Map 计算前做输入分片调整，例如合并小文件，那么就会有 5 个 Map 任务执行，而且每个 Map 执行的数据大小不均，这个也是 MapReduce 优化计算的一个关键点。

第二，Map 阶段。Map 阶段就是程序员编写好的 Map 函数，因此 Map 函数的效率相对好控制，而且一般 Map 操作都是本地化操作，也就是在数据存储节点上进行。

第三，combiner 阶段。combiner 阶段是程序员可以选择的，combiner 其实也是一种 Reduce 操作，因此可以发现 Word Count 类是用 Reduce 进行加载的。combiner 是一个本地化的 Reduce 操作，它是 Map 运算的后续操作，主要是在 Map 计算出中间文件前做一个简单的合并重复 key 值的操作。例如，对文件里的单词频率做统计，Map 计算的时候如果碰到一个 Hadoop 的单词就会记录为 1，但是这个文件里 Hadoop 的单词可能会出现 n 次，那么 Map 输出文件就会有很多冗余。因此在 Reduce 计算前对相同的 key 做一个合并操作，那么文件会变小，这样就提高了宽带的传输效率。毕竟 Hadoop 计算力宽带资源往往是计算的瓶颈，也是计算最为宝贵的资源。但是 combiner 操作是有风险的，使用它的原则是 combiner 的输入不会影响到 Reduce 计算的最终输入。例如，如果计算只是求总数、最大值、最小值，则可以使用 combiner，但是做平均值计算使用 combiner 的话，最终的 Reduce 计算结果就会出错。

第四，shuffle 阶段。将 Map 的输出作为 Reduce 的输入的过程就是 shuffle 阶段，这个阶段是 MapReduce 优化的重点。

shuffle 阶段的一开始就是 Map 阶段做输出操作，一般 MapReduce 计算的都是海量数据，Map 输出的时候不可能把所有文件都放到内存操作。因此 Map 写入磁盘的过程十分复杂，更何况 Map 输出的时候要对结果进行排序，内存开销是很大的。

Map 在做输出的时候会在内存里开启一个环形内存缓冲区，这个缓冲区是专门用来输出的，默认大小是 100MB，并且在配置文件里为这个缓冲区设定了一个阈值，默认是 0.80（这个缓冲区的大小和阈值都可以在配置文件里进行配置）。同时 Map 还会为输出操作启动一个守护线程，如果缓冲区的内存达到了阈值的80%，这个守护线程就会把内容写到磁盘上，这个过程叫spill，另外的20%内存可以继续写入要写进磁盘的数据，写入磁盘和写入内存操作是互不干扰的，如果缓存区被撑满了，那么Map就会阻塞写入内存的操作，让写入磁盘操作完成后再继续执行写入内存操作。

写入磁盘前会有个排序操作，这个是在写入磁盘操作的时候进行的，不是在写入内存的时候进行的，如果定义了combiner函数，那么排序前还会执行combiner操作。一次spill操作就是写入磁盘操作的时候会写一个溢出文件，换言之在做Map输出时有几次spill就会产生多少个溢出文件，等Map输出全部做完后，Map会合并这些输出文件。

这个过程中还会有一个Partitioner操作。Partitioner操作和Map阶段的输入分片很像，一个Partitioner操作对应一个Reduce作业。如果MapReduce操作只有一个Reduce操作，那么Partitioner操作就只有一个；如果有多个Reduce操作，那么对应的Partitioner操作就会有多个。因此Partitioner就是Reduce的输入分片，这个程序员可以编程控制，主要是根据实际key和value的值、实际业务类型，或者是为了更好的Reduce负载均衡，这是提高Reduce效率的一个关键所在。

到了Reduce阶段就是合并Map输出文件了，Partitioner会找到对应的Map输出文件，然后进行复制操作。进行复制操作时Reduce会开启几个复制线程，这些线程的默认个数是5个。程序员也可以在配置文件里更改复制线程的个数。这个复制过程和Map写入磁盘的过程类似，也有阈值和内存大小，阈值一样可以在配置文件里配置，而内存大小则直接使用Reduce的Task Tracker的内存大小，复制的时候Reduce还会进行排序操作和合并文件操作，这些操作完成后就会进行Reduce计算了。

第五，Reduce阶段。Reduce阶段和Map函数一样也是由程序员编写的，最终结果存储在HDFS上。

二、数据挖掘技术

数据挖掘这一术语所指的范围非常广泛，从即席式查询、基于规则的通知或透视图分析到政府监听计划。数据挖掘是一个过程，使用自动方法分析数据，以便找到隐藏的模式。提到数据挖掘时，常常使用其他术语，如机器学习、数据库中的知识发现（KDD）或者预测分析等。虽然这些术语的含义稍有不同，但它们互相重叠，在功能上完全等价于数据挖掘。

数据挖掘，简单地说是从大量的数据中"挖掘"出知识；更准确地说是在数据中的知识挖掘。"挖掘"这个词体现了从原始材料中找到有价值内容的过程。数据挖掘也被认为是一门交叉学科，其中涉及统计学、人工智能和数据库系统的知识，是一种通过数理模式来分析企业内储存的大量资料，以找出不同的客户或市场划分，分析出消费者喜好和行为的方法。它是数据库知识发现中的一个步骤。

数据挖掘是从大量的数据中自动搜索隐藏于其中的有着特殊关系性的信息的过程。主要有数据准备、规律寻找和规律表示三个步骤。数据挖掘的任务有关联分析、聚类分析、分类分析、异常分析、特异群组分析和演变分析等。数据挖掘通常与计算机科学有关，并通过统计、在线分析处理、情报检索、机器学习、专家系统（依靠过去的经验法则）和模式识别等诸多方法来实现上述目标。

根据摩尔定律，在过去的若干年中，计算机的功能呈指数级增长。但硬盘驱动器容量的增长速度远大于处理器的处理能力，二者的增长不属于一个数量级，存储数据的能力超过了处理数据的能力。大量的数据被生成并存储在数据库中。这些数据大部分来自商业软件，例如金融应用程序、企业资源管理系统、客户关系管理系统及 Web 服务器的服务器日志，甚至来自托管数据的数据库服务器。不停地收集数据的结果是组织机构变得数据丰富而知识贫乏。收集的数据变得如此之多，以至于对存储的数据的实际利用开始受到限制。数据挖掘的主要目的是从已有数据中提炼知识，这就提高了已有数据的内在价值，并且使数据成为有用的东西。

数据挖掘将算法（例如决策树、聚类、关联和时序算法等）应用到某一数据集，然后分析该数据集的内容。这种分析能挖掘出模式，这些模式含有有价值的信息。根据所使用的基本算法，这些模式可以是决策树、规则、聚类或者简单的数学公式。在模式中发现的信息可用作市场策略的指导，它对预测来说非常重要。对数据挖掘系统提出的每一个问题，都可能涉及很多任务。有时解决方案显而易见，只涉及单一任务的应用；有时就需要研究并整合多个任务，才能得到解决方案。

了解基于数据挖掘和机器学习理论的高级分析方法，有助于研究分析需求，以及基于业务目标、初始假设和数据结构与数量来选择合适的技术。模型规划是基于问题确定合适的分析方法，它依赖于数据的类型和可用的计算资源。

（一）分类

分类是指把每个事例分成多个类别的行为，每个事例包含一组属性，其中有一个属性是类别（Class）属性。分类任务要求找到一个模型，该模型将类别属性定义为输入属性的函数。分类模型将使用事例的其他属性（输入属性）来确定类别的模式（输出属性）。有目标的数据挖掘算法称为有监督的算法。典型的分类算法有决策树算法、神经网络算法和贝叶斯算法。

分类是最常见的数据挖掘任务之一，如客户流失分析、风险管理和广告定位之类的商业问题通常会涉及分类。

（二）聚类分析

聚类分析也称为细分，它基于一组属性对事例进行分组，用来在数据集中找到相似群组的一种常用方法，其中"相似"的定义视具体问题而定。另外，还需要提及的是"无监督"概念，它是指在没有分类标签的数据中寻找内在的关联。K-means 聚类及关联规则挖掘都属于无监督学习，即没有预测阶段。

在聚类分析中，所有的输入属性都平等对待。大多数聚类算法通过多次迭代来构建模型，当模型收敛时算法停止，当细分的边界变得稳定时算法停止。

K-means 是聚类分析的经典算法之一，主要是作为一种探索式的技术，用来发现之前没有被注意到的数据结构。尽管在聚类中记录的类别不是已知的，但是聚类可以用来探索数据的结构，总结类群的属性特征。当维度比较低时，可以可视化类群，但随着维度的增加，可视化类群就越来越困难。K-means 聚类有很多应用，包括模式识别、人工智能、图像处理和机器视觉等。

利用 MapReduce 计算模型，可以把 K-means 应用到大数据中进行数据挖掘。MapReduce 形式的 K-means 很简单，每执行一次 MapReduce 作业时，重新迭代计算中心点，直到中心点不再改变为止。

（三）关联规则

关联规则是另外一种无监督学习的方法，同样没有"预测"过程，主要用于发现数据之间的联系。关联也称购物篮分析。一个典型的关联商业问题是分析销售事务表，并且识别经常在同一个购物篮中出现的那些商品。关联通常用于确定常见的物品集和规则集，以达到交叉销售的目的。

就关联而言，每一条信息都可以认为是一个物品。关联任务有两个目标：找出经常一起出现的那些物品，并从中确定关联规则。典型的应用场景有两个：①哪些商品通常会被一同购买；②喜欢并购买了这个产品的顾客会倾向于喜欢并购买哪些其他产品。

关联规则挖掘的目标是寻找数据之间"有价值"的关联。"有价值"取决于用来挖掘的算法。关联规则的表达形式是，当点击购买产品 X 时，也倾向于点击/购买产品 Y。在这个过程中，有两个关键阈值用来评估关联规则的重要度，即支持度和置信度。

（四）回归分析

回归任务类似于分类任务，但它不是查找描述类的模式，其目的是查找模式以确定数值。简单的线性拟合技术就是回归的一个例子，其结果是一个函数，可以根据输入的值来确定输出。更高级的回归形式支持分类输入及数值输入，回归使用的最流行的技术是线性回归和逻辑回归。回归任务能解决许多商业问题，例如，根据债券的面值、发行方式、发行数量和发行季节，可以预测它的赎回率，或者根据温度、大气压力和湿度，可以预测风速。回归关注的是输入变量和结果之间的关系，回归分析有助于了解一个目标变量如何随着属性变量的变化而变化。回归分析的结果可以是连续的或离散的，如果是离散的，还可以预测各个离散值产生的概率。

1. 线性回归

线性回归是回归分析中的一种，是统计学的一种常用方法，它的主导思想是利用预定的权值将属性进行线性组合来表示类别。前面介绍的关联规则分析适用于处理离散型数据，如电子商务交易记录等，但不适用于处理数值型的连续数据。而线性回归正是适合处理数值型的连续数据。线性回归是一个出色、简单、适用于处理数值型连续数据预测的方法，在统计应用领域得到了广泛应用。线性回归也存在缺陷，如果数据呈现非线性关系，线性回归将只能得到一条"最适合"（最小均方差）的直线。线性模型也是学习其他更为复杂模型的基础。

2. 逻辑回归

逻辑回归是用来预估一个事件发生的概率的模型，逻辑回归也可以被看成一个分类器，以概率最高的类别来预测。在逻辑回归中，输入变量既可以是连续的，也可以是离散的。逻辑回归是在处理一些二元分类问题时的首选方法，例如，真/假、批准/拒绝、有回应/无回应、购买/不购买等。如果不仅对预测类感兴趣，而且对某一类事件发生的概率也感兴趣，是特别适合的。

3. 朴素贝叶斯

分类问题中的主要任务是预测目标所属的类别，与聚类不同的是，这里的类别的种类是事先已经定义好的。朴素贝叶斯分类器是一个简单的基于贝叶斯理论的概率分类器，朴素贝叶斯分类器假设属性之间相互独立。或者说，一个朴素贝叶斯分类器假设某个类的特征的出现与其他特征没有关系。虽然这个假设在实际应用中往往是不成立的，但朴素贝叶斯分类器依然有着坚实的数学基础和稳定的分类效率。例如，一个物体可以依据它的形状、大小和颜色等属性被分类成某个类别，即使这些属性之间互相存在依赖关系，朴素贝叶斯分类器也会认为所有的属性之间是无关的。根据概率模型的特征，朴素贝叶斯分类器可以在有监督的环境下有效地进行训练。在朴素贝叶斯模型中，通常输入变量都是离散型的，也有一些算法的变种用来处理连续型变量。算法的输出是概率的打分，通常是 0~1，可以根据概率最高的类来做预测。贝叶斯定理是朴素贝叶斯模型的基础，是以英国数学家贝叶斯的名字命名的，贝叶斯定理用来描述两个条件概率之间的关系。

4. 决策树

决策树是一种常见且灵活的用来开发数据挖掘应用的方法。分类树用于将要预测的数据划分到同质的组中（分配类标签），通常应用于二分或多类别的分类。回归树是回归的变种，通常每个结点返回的是目标变量的平均值。回归树通常被应用于连续型数据的分类，如账户支出或个人收入。决策树的输入值可以是连续的，也可以是离散的，输出是一个用来描述决策流程的树状模型。决策树的叶子结点返回的是类标签或者类标签的概率分数。理论上，决策树可以被转换成类似上文关联规则中的规则。因为决策树可以应用到不同的情境中，所以应用很广泛。决策树的分类规则也很直接，结果容易被可视化展现。因为决策树的决策结果是一系列的"如果……就……"表达式，所以决策树的模型中没有隐含的假设，例如，依赖变量和目标变量之间的线性或非线性关系。

5. 随机森林

在分布式环境中，通常结点要独立地进行计算，且分布式环境中最稀缺的资源是网络。在这样的情况下，训练一个决策树是比较困难的，一种更好的办法是利用集成学习的方法。对于决策树，可以在分布式环境中独立地训练多个决策树，利用多个决策树来分类，最后把结果聚集起来。利用多个决策树来分类的方法称为随机森林。随机森林是一个包含多个决策树的分类器，其输出的类别由树输出的类别的众数而定。为了构建多个不同的决策树，随机森林采用从数据中随机抽样的方法。

（五）预测

预测也是一种重要的数据挖掘任务。预测技术采用数列作为输入，表示一系列时间值，然后运用各种能处理数据周期性分析、趋势分析和噪声分析的计算机学习和统计技术来估算这些序列未来的值。

（六）序列分析

序列分析用来发现一系列事件中的模式，这一系列事件称为序列。例如，DNA 序列是由 A、G、C 和 T.4 种不同的状态组成的长序列，Web 点击序列包含一系列 URL 地址等；在某些情况下，客户购买商品的次序也可以建模为序列数据。序列数据和时间序列数据的相似之处在于它们都包含连续的观察值，这些观察值是有次序的。它们的区别是时间序列包含数值型数据，而序列包含离散的状态。

（七）偏差分析

偏差分析是为了找出一些特殊的事例，这些事例的行为与其他事例有明显的不同。偏差分析的应用范围很广，最常见的应用是信用卡欺诈行为检测，但是从数百万个事务中鉴别出异常情况是非常困难的；其他的应用包括网络入侵检测、劣质产品分析等。

目前没有标准的偏差分析技术，一般情况下，分析员利用决策树算法、聚类算法或者神经网络算法来解决这类问题。

第三节　数据可视化技术及其实现

数据可视化是对数据的视觉表现的研究，这种数据的视觉表现形式被定义为一种以某种概要形式抽提出来的信息，包括相应信息单位的各种属性和变量。数据可视化的主要目的是通过图像清楚有效地传播信息。为了有效地传递思想，美观的形式与功能性需要密切地关联，通过一种更直观的方式传播关键部分，提供对相当分散和复杂的数据集的洞悉。

数据可视化的设计简化为四个级联的层次：第一层刻画真实用户的问题，称为问题刻画层；第二层是抽象层，将特定领域的任务和数据映射到抽象且通用的任务及数据类型；第三层是编码层，设计与数据类型相关的视觉编码及交互方法；第四层的任务是创建正确完整系统设计的算法。各层之间是嵌套的，上游层的输出是下游层的输入。

一、数据可视化技术的类型划分

数据可视化的处理对象是数据。自然地，数据可视化包含处理科学数据的科学可视化与处理抽象、非结构化信息的信息可视化两个分支。科学可视化研究带有空间坐标和几何信息的三维空间测量数据等，重点探索如何有效地呈现数据中几何、拓扑和形状特征。信息可视化的处理对象则是非结构化、非几何的抽象数据，如金融交易、社交网络和文本数据，其核心挑战是如何针对大尺度高维数据减少视觉混淆对有用信息的干扰。由于数据分析的重要性，将可视化与分析进行结合，形成一个新的学科——可视分析学。可视分析学、信息可视化和科学可视化三个学科方向通常被看成可视化的三个主要分支。

（一）可视分析学

可视分析学是一门以可视交互界面为基础的分析推理科学，它综合了图形学、数据挖掘和人机交互等技术，以可视交互界面为通道，将人的感知和认知能力以可视的方式融入数据处理过程，实现人脑智能和机器智能优势互补和相互提升，建立螺旋式信息交流与知识提炼途径，完成有效的分析推理和决策。

可视分析学可看成将可视化、人的因素和数据分析集成在内的一种新思路。其中，感知与认知科学研究人在可视分析学中的重要作用；数据管理和知识表达是可视分析构建数据到知识转换的基础理论；地理分析、信息分析、科学分析、统计分析、知识发现等是可视分析学的核心分析论方法。在整个可视分析过程中，人机交互必不可少，可用于驾驭模型构建、分析推理和信息呈现等整个过程。可视分析流程中推导出的结论与知识最终需要向用户表达、作业和传播。

可视分析学是一门综合性学科，与多个领域相关：在可视化方面，有信息可视化、科学可视化与计算机图形学；与数据分析相关的领域包括信息获取、数据处理和数据挖掘；而在交互方面，则有人机交互、认知科学和感知等学科融合。

（二）信息可视化

信息可视化处理的对象是抽象的、非结构化的数据集合（如文本、图表、层次结构、地图、软件、复杂系统等）。传统的信息可视化起源于统计图形学，又与信息图形、视觉设计等现代技术相关，其表现形式通常在二维空间，因此关键问题是在有限的展现空间中以直观的方式传达大量的抽象信息。

与科学可视化相比，信息可视化更关注抽象、高维数据。此类数据通常不具有空间中位置的属性，因此要根据特定数据分析的需求，决定数据元素在空间的布局。

（三）科学可视化

科学可视化是可视化领域最早、最成熟的一个跨学科研究与应用的领域。面向的领域主要是自然科学，如物理、化学、气象气候、航空航天、医学、生物学等学科，这些学科通常需要对数据和模型进行解释、操作与处理，旨在寻找其中的模式、特点、关系以及异常情况。

科学可视化的基础理论与方法已经相对成形，早期的关注点主要在于三维真实世界的物理化学现象，数据通常表达在三维或二维空间，或包含时间维度。鉴于数据的类别可分为标量（密度、温度）、向量（风向、力场）、张量（压力、弥散）等三类，科学可视化也可粗略地分为三类：标量场可视化、向量场可视化和张量场可视化。

二、可视化技术中的数据与图表

(一) 可视化技术中的数据

人们对数据的认知一般都经过从数据模型到概念模型的过程，最后得到数据在实际中的具体语义。

数据模型是对数据的底层描述及相关的操作。在处理数据时，最初接触的是数据模型。例如，一组数据 7.8，12.5，14.3，……，首先被看作一组浮点数据，可以应用加、减、乘、除等操作；另一组数据白、黑、黄、……，则被视为一组根据颜色分类的数据。

概念模型是对数据的高层次描述，对应于人们对数据的具体认知。在对数据进行进一步处理之前，需要定义数据的概念和它们之间的联系，同时定义数据的语义和它们所代表的含义。例如，对 7.8，12.5，14.3，…，可以从概念模型出发定义它们是某天的气温值，从而赋予这组数据特别的语义，并进行下一步的分析（如统计分析一天中的温度变化）。概念模型的建立与实际应用紧密相关。

根据数据分析的要求，不同的应用可以采用不同的数据分类方法。例如，根据数据模型，数据可以分为浮点数、整数、字符等；根据概念模型，可以定义数据所对应的实际意义或者对象，如汽车、摩托车、自行车等分类数据。在科学计算中，通常根据测量标度将数据分为四类：类别型数据、有序型数据、区间型数据和比值型数据。

(二) 可视化技术中的图表

统计图表是最早的数据可视化形式之一，作为基本的可视化元素，其仍然被非常广泛地使用。对很多复杂的大型可视化系统来说，这类图表更是作为基本的组成元素而不可缺少。

第一，柱状图。柱状图是一种以长方形的长度为变量的表达图形的统计报告图，由一系列高度不等的纵向条纹表示数据分布的情况，用来比较两个或两个以上的数值（不同时间或者不同条件），只有一个变量，通常用于较小的数据集分析。柱状图亦可横向排列，或用多维方式表运。

第二，直方图。直方图是对数据集的某个数据属性的频率统计，对单变量数据，其取值范围映射到横轴，并分割为多个子区间。每个子区间都用一个直立的长方块表示，高度正比于属于该属性值子区间的数据点的个数。直方图可以呈现数据的分布、离群值和数据分布的模态。直方图的各个部分之和等于一个单位整体，而柱状图的各个部分之和没有限制，这是两者的主要区别。

第三，饼图。饼图采用饼干的隐喻，用环状方式呈现各分量在整体中的比例，这种分块方式是环状树图等可视表达的基础。

三、数据可视化技术的核心流程

科学可视化和信息可视化分别设计了可视化流程的参考体系结构模型，并被广泛应用于数据可视化系统中。可视分析学的基本流程是通过人机交互将自动数据挖掘方法和可视分析方法紧密结合，可视分析流水线的起点是输入的数据，终点是提炼的知识。从数据到知识有两个途径：交互的可视化方法和自动的数据挖掘方法，两个途径的中间结果分别是对数据的交互可视化结果和从数据中提炼的数据模型。用户既可以对可视化结果进行交互的修正，也可以调节参数以修正模型。数据可视化流程中的核心要素包括以下三个方面：

1. 数据表示与转换

数据可视化的基础是数据表示与转换，为了允许有效的可视化、分析和记录，输入数据必须从原始状态转换到一种便于计算机处理的结构化数据表示形式。通常这些结构存在于数据本身，需要研究有效的数据提炼或简化方法以最大限度地保持信息和知识的内涵及相应的上下文。有效表示海量数据的主要挑战在于采用具有可伸缩性和扩展性的方法，以便保持数据的特性和内容。

此外，将不同类型、不同来源的信息合成一个统一的表示，使得数据分析人员能及时地聚焦于数据的本质，这也是研究的重点。

2. 数据的可视化呈现

将数据以一种直观、容易理解和操纵的方式呈现给用户，需要将数据转换为可视表示。数据可视化向用户传播了信息，而同一个数据集可能对应多种视觉呈现形式，即视觉编码，数据可视化的核心内容是从巨大的呈现多样性的空间中选择最合适的编码形式。判断某个视觉编码是否合适的因素包括感知与认知系统的特性、数据本身的属性和目标任务。

大量的数据采集通常是以流的形式实时获取的，针对静态数据发展起来的可视化显示方法不能直接拓展到动态数据。这不仅要求可视化结果有一定的时间连贯性，还要求可视化方法达到高效以便给出实时反馈。因此不仅需要研究新的软件算法，还需要更强大的计算平台（如分布式计算或云计算）、显示平台（如一亿像素显示器或大屏幕拼接）和交互模式（如体感交互、可穿戴式交互）。

3. 用户交互

对数据进行可视化和分析的目的是解决目标任务，有些任务可明确定义，有些任务则更广泛或者一般化。通用的目标任务可分成三类：生成假设、验证假设和视觉呈现。数据可视化可以用于从数据中探索新的假设，也可以证实相关假设与数据是否吻合，还可以帮助数据专家向公众展示其中的信息。交互是通过可视的手段辅助分析决策的直接推动力。

有关人机交互的探索已经持续很长时间，但智能、适用于海量数据可视化的交互技术，如任务导向的、基于假设的方法还是一个未解难题，其核心挑战是新型的可支持用户分析决策的交互方法。这些交互方法涵盖底层的交互方式与硬件、复杂的交互理念与流程，还需要克服不同类型的显示环境和不同任务带来的可扩充性难点。

四、数据可视化中的交互技术

（一）交互技术的作用

数据可视化系统除了视觉呈现部分，另一个核心要素是用户交互，交互是用户通过与系统之间的对话和互动来操纵与理解数据的过程。无法互动可视化的方式，例如静态图片和自动播放的视频，虽然在一定程度上能帮助用户理解数据，但其效果有一定的局限性。特别是当数据尺寸大、结构复杂时，有限的可视化空间限制了静态可视化的有效性。即使用户在解读一个静态的信息图海报时，也常常会靠近或者拉远，甚至旋转海报以便理解，这些动作相当于用户的交互操作。具体而言，交互在如下两个方面让数据可视化更有效。

第一，缓解有限的可视化空间和数据过载之间的矛盾。这个矛盾表现在两个方面：有限的屏幕尺寸不足以显示海量的数据；常用的二维显示平面也对复杂数据的可视化提出了挑战，例如多维度数据。交互可以帮助拓展可视化中信息表达的空间，从而解决有限的空间与数据量和复杂度之间的差距。

第二，交互能让用户更好地参与对数据的理解和分析，特别是对可视分析系统来说，其目的不是向用户传递定制好的知识，而是提供工具和平台来帮助用户探索数据，分析数据价值，得到结论。在这样的系统中，交互是必不可少的。

（二）交互技术的任务

从设计可视化系统的角度出发，研发人员通常根据整个系统要完成的用户任务来选择交互技术。不同的应用领域，可视化要完成的任务和达到的目的也不同。一个比较全面的分类包括如下七大类的交互任务。

第一，选择：当数据以纷繁复杂多变之姿呈现在用户面前时，此种方式能使用户标记其感兴趣的部分以便跟踪变化情况。

第二，导航：导航是可视化系统中最常见的交互手段之一。当可视化的数据空间较大时，可通过缩放、平移、旋转这三种操作对空间的任意位置进行检索，展示不一样的信息。

第三，重配：为用户提供观察数据的不同视角，常见的方式有重组视图、重新排列等，克服由于空间位置距离过大导致的两个对象在视觉上关联性降低的问题。

第四，编码：交互式地改变数据元素的可视化编码，如改变颜色、更改大小、改变方向、更改字体、改变形状等，或者使用不同的表达方式以改变视觉外观，可以直接影响用户对数据的认知，从而使用户更深刻地理解数据。

第五，抽象/具象：此交互技术可以为用户提供不同细节等级的信息，用户可通过交互控制显示更多或更少的数据细节。例如上卷下钻技术，可以达到浏览各个层次级别细节信息的目的。

第六，过滤：通过设置约束条件实现信息查询，通过用户输入的关键词呈现给用户相应的过滤结果，动态实时地更新过滤结果，以达到过滤结果对条件的实时响应，从而加速信息获取效率。

第七，关联：此技术被用于高亮显示数据对象间的联系，或者显示与特定数据对象有关的隐藏对象，可以对同一数据在不同视图中采用不同的可视化表达，也可以对不同但相关联的数据采用相同的可视化表达，让用户可以在不同的角度和不同的显示方式下观察数据。

综上所述，可以看到交互分类的方法有很多，可以根据各自其依据和适用的情况，选择合适的交互方法。

第四章 人工智能及其信息处理技术

第一节 人工智能及其研究领域

近年来，人工智能发展迅速，已经成为科技界和大众都十分关注的一个热点领域。"尽管目前人工智能在发展过程中还面临着很多困难和挑战，但人工智能已经创造出了许多智能产品，并将在越来越多的领域制造出更多甚至是超过人类智能的产品，为改善人类的生活做出更大贡献"。[①]

一、人工智能的概念界定

智能是指学习、理解并用逻辑方法思考事物，以及应对新的或者困难环境的能力。智能的要素包括：适应环境，适应偶然性事件，能分辨模糊的或矛盾的信息，在孤立的情况中找出相似性，产生新概念和新思想。

自然智能是指人类和一些动物所具有的智力和行为能力。人类智能是人类所具有的以知识为基础的智力和行为能力，表现为有目的的行为、合理的思维，以及有效地适应环境的综合性能力。智力是获取知识并运用知识求解问题的能力，能力则指完成一项目标或者任务所体现出来的素质。

人工智能是相对于人的自然智能而言的，从广义上解释就是"人造智能"，指用人工的方法和技术在计算机上实现智能，以模拟、延伸和扩展人类的智能。由于人工智能是在机器上实现的，所以又称机器智能。人工智能包括有规律的智能行为。有规律的智能行为是计算机能解决的，而无规律的智能行为，如洞察力、创造力，计算机目前还不能完全解决。

二、人工智能的研究目标

第一，人工智能的近期目标。人工智能的近期目标是研究依赖于现有计算机去模拟人

---

①佘玉梅，段鹏．人工智能原理及应用［M］．上海：上海交通大学出版社，2018：1.

类某些智力行为的基本原理、根本技术和基本方法。即先部分或某种程度地实现机器的智能，从而使现有的计算机更灵活、更好用和更有用，成为人类的智能化信息处理工具。

第二，人工智能的远期目标。人工智能的远期目标是研究如何利用自动机去模拟人的某些思维过程和智能行为，最终创造出智能机器。具体而言，就是要使计算机具有看、听、说、写等感知和交互功能，具有联想、推理、理解、学习等高级思维能力，还要有分析问题、解决问题和发明创造的能力。简言之，也就是使计算机像人一样具有自动发现规律和利用规律的能力，或者说具有自动获取知识和利用知识的能力，从而扩展和延伸人的智能。

三、人工智能的研究学派

第一，行为主义。行为主义又称进化主义或控制论学派。其理论主要包括控制论及感知再到动作型控制系统。行为主义主要进行行为模拟，认为智能行为只能在现实世界中与周围环境交互作用而表现出来，因此用符号主义和联结主义来模拟智能显得有些与事实不吻合。这种方法通过模拟人在控制过程中的智能活动和行为特性，来研究和实现人工智能。

第二，符号主义。符号主义又称逻辑主义、心理学派或计算机派，其理论主要包括物理符号系统假设和有限合理性原理。符号主义认为可以从模拟人脑功能的角度来实现人工智能，认为人的认知基元是符号，而认知过程就是符号操作过程，智能行为是符号操作的结果。该学派认为人是一个物理符号系统，计算机也是一个物理符号系统，因此，存在可能用计算机来模拟人的智能行为，即用计算机通过符号来模拟人的认知过程。

第三，联结主义。联结主义又称为仿生学派或生理学派，其理论主要包括神经网络及神经网络之间的连接机制和学习算法。联结主义主要进行结构模拟，认为人的思维基元是神经元，而不是符号处理过程，认为大脑是智能活动的物质基础，要揭示人类的智能奥秘，就必须弄清大脑的结构，弄清大脑信息处理过程的机理，并提出了联结主义的大脑工作模式，用于取代符号操作的计算机工作模式。

四、人工智能的研究领域

人工智能的主要目的是用计算机来模拟人的智能。人工智能的研究领域包括模式识别、问题求解、机器视觉、自然语言理解、自动定理证明、人工神经网络、博弈、专家系统、机器学习、机器人等。当前人工智能的研究已取得很多成果，如自动翻译、战术研究、密码分析、医疗诊断等，但还是有很长的路要走。

1. 博弈

在经济、政治、军事和生物竞争中，一方总是力图用自己的"智力"击败对手。博弈就是研究对策和斗智的。在人工智能中大多以下棋为例来研究博弈规律，并研制出了一些很著名的博弈程序。博弈为人工智能提供了一个很好的试验场所，人工智能中的许多概念和方法都是从博弈中提炼出来的。

2. 机器人

机器人是一种可编程序的多功能的操作装置。机器人能认识工作环境、工作对象及其状态，能根据人的指令和"自身"认识外界的结果来独立地决定工作方法，实现任务目标，并能适应工作环境的变化。

随着工业自动化和计算机技术的发展，到 20 世纪 60 年代机器人开始进入批量生产和实际应用的阶段。后来由于自动装配、海洋开发、空间探索等实际问题的需要，对机器的智能水平提出了更高的要求。特别是危险环境以及人们难以胜任的场合更迫切需要机器人，从而推动了智能机器的研究。在科学研究上，机器人为人工智能提供了一个综合实验场所，它可以全面地检查人工智能各个领域的技术，并探索这些技术之间的关系。可以说机器人是人工智能技术的全面体现和综合运用。

3. 模式识别

模式识别是 AI 最早研究的领域之一，主要是指用计算机对物体、图像、语音、字符等信息模式进行自动识别的科学。"模式"的原意是提供模仿用的完美无缺的标本，"模式识别"就是用计算机来模拟人的各种识别能力，识别出给定的事物与哪一个标本相同或者相似。

模式识别的基本过程包括：对待识别事物进行样本采集、信息的数字化、数据特征的提取、特征空间的压缩以及提供识别的准则等，最后给出识别的结果。在识别过程中需要学习过程的参与，这个学习的基本过程是先将已知的模式样本进行数值化，送入计算机，然后将这些数据进行分析，去掉对分类无效的或可能引起混淆的那些特征数据，尽量保留对分类判别有效的数值特征，经过一定的技术处理，制定出错误率最小的判别准则。

当前模式识别主要集中于图形识别和语音识别。图形识别主要是研究各种图形（如文字、符号、图形、图像和照片等）的分类。例如识别各种印刷体和某些手写体文字，识别指纹、癌细胞等。这方面的技术已经进入实用阶段。语音识别主要研究各种语音信号的分类。语音识别技术近年来发展很快，现已有商品化产品（如汉字语音录入系统）上市。

4. 问题求解

问题求解是指通过搜索的方法寻找问题求解操作的一个合适序列，以满足问题的要求。这里的问题，主要指那些没有算法解，或虽有算法解但在现有机器上无法实施或无法完成的困难问题，例如路径规划、运输调度、电力调度、地质分析、测量数据解释、天气预报、市场预测、股市分析、疾病诊断、故障诊断、军事指挥、机器人行动规划、机器博弈等。

5. 机器学习

机器学习就是机器自己获取知识。如果一个系统能通过执行某种过程而改变它的性能，那么这个系统就具有学习的能力。机器学习是研究怎样使用计算机模拟或实现人类学习活动的一门科学。

机器学习主要有三层意思：①对人类已有知识的获取（这类似人类的书本知识学习）；②对客观规律的发现（这类似人类的科学发现）；③对自身行为的修正（这类似人类的技能训练和对环境的适应）。

（1）机器学习的学习系统内容组成。机器学习中的学习系统主要完成学习的核心功能，它是一个计算机应用系统，这个系统由以下三部分内容组成。

第一，样本数据：在学习系统中，计算机的学习都是通过数据学习的，这种数据一般称为样本数据，它具有统一的数据结构，并要求数据量大、数据正确性好。样本数据一般都通过感知器从外部环境中获得。

第二，机器建模：在学习系统中，学习过程用算法表示，并用代码形式组成程序模块，通过模块执行用以建立学习模型。在执行中需要输入大量的样本进行统计性计算。机器建模是学习系统中的主要内容。

第三，学习模型：以样本数据为输入，用机器建模做运行，最终可得到学习的结果，它是学习所得到的知识模型，称为学习模型。

（2）学习系统外部世界。学习系统外部世界是学习系统的学习对象。人类学习知识大都通过作用于它而得到，学习系统外部世界由环境与感知器两部分内容组成。

第一，环境：环境即外部世界实体，它是获得知识的基本源泉。

第二，感知器：环境中的实体有多种不同形式，如文字、声音、语言、动作、行为、姿态、表情等静态与动态形式，还具有可见/不可见（如红外线、紫外线等）、可感/不可感（如引力波、磁场等）等多种方式，它需要一种接口，将它们转换成学习系统中具有一定结构形式的数据，作为学习系统的输入，这就是样本数据。感知器的种类很多，常用的如模/数或数/模转换器，以及各类传感器。此外，如声音、图像、音频、视频等专用输入设备等。

这样，一个机器学习的结构模型由五个部分组成。整个学习过程从外部世界的环境开始，从中获得环境中的一些实体，经感知器转换成数据后进入计算机系统以样本形式出现并作为计算机的输入，在机器建模中进行学习，最终得到学习的结果。这种结果一般以学习模型的形式出现，是一种知识模型。

（3）机器学习方法。机器学习的两大要素是：样本数据与机器建模，故在讨论机器学习方法时首先要介绍样本数据与机器建模的基本概念，在此基础上对学习方法进一步探讨。

第一，样本数据。样本数据亦称样本，是客观世界中事物在计算机中的一种结构化数据的表示，样本由若干个属性组成，属性表示样本的固有性质。在机器学习中样本在建模过程中起到了至关重要的作用，样本组成一种数据集合，这种集合在建模中训练模型，其量值越大所训练的模型正确性越高，因此样本的数量一般应具有海量性。

在训练模型过程中有两种不同表示形式的样本，样本中的属性在训练模型过程中一般仅作为训练而用，这种属性称为训练属性，因此如果样本中所有属性均为训练属性，这种样本通称为不带标号样本；而样本除训练属性外，还有另外一种作为训练属性所对应的输出数据的属性称为标号属性，而这种带有标号属性的样本称为带标号样本。一般而言，不同样本训练不同的模型。

第二，机器建模。机器建模即是用样本训练模型的过程，它可按不同样本分为以下三种。

监督学习。由带标号样本所训练模型的学习方法称为监督学习。这个方法是：在训练前已知输入和相应输出，其任务是建立一个由输入映射到输出的模型。这种模型在训练前已有一个带初始参数值的模型框架，通过训练不断调整其参数值，这种训练的样本需要足够多才能使参数值逐渐收敛，达到稳定的值为止。这是一种最为有效的学习方法。目前使用也最为普遍，对这种学习方法，目前常用于分类分析，因此又称分类器。主要的方法有：人工神经网络方法、决策树方法、贝叶斯方法以及支持向量机方法等。

无监督学习。由不带标号样本所训练模型的学习方法称为无监督学习。这个方法是：在训练前仅已知供训练的不带标号样本，其后期的模型是通过建模过程中算法的不断自我调节、自我更新与自我完善而逐步形成的。这种训练的样本也需要足够多才能使模型逐渐稳定。对这种学习方法，目前其常用的有关联规则方法、聚类分析方法等。

半监督学习。半监督学习又称混合监督学习，是先用少量带标号样本数据做训练，接下来即可用大量的不带标号样本训练，这样做既可避免带标号样本难以取得的缺点，也可避免最终模型规范性不足的缺点。这是一种典型的半监督学习方法。此外，还有一些非典型的半监督学习方法，又称弱监督学习方法。半监督学习方法目前常用的有迁移学习方法等；弱监督学习方法目前常用的有强化学习方法等。

在讨论了样本数据、机器建模及学习模型后，浅层学习方法分别讨论：①监督学习中的人工神经网络方法、决策树方法、贝叶斯方法、支持向量机方法；②无监督学习中的关联规则方法、聚类分析方法；③半监督学习中的迁移学习方法、强化学习方法。

6. 机器视觉

机器感知就是计算机直接"感觉"周围世界。具体而言，就是计算机像人一样通过"感觉器官"直接从外界获取信息，如通过视觉器官获取图形、图像信息，通过听觉器官获取声音信息。

机器视觉研究为完成在复杂的环境中运动和在复杂的场景中识别物体需要哪些视觉信息以及如何从图像中获取这些信息。

7. 专家系统

专家即专业人员，掌握一定的专业技能，能运用专业技能解决各类问题，如医生能治病、棋手能下棋、译员能翻译、咨询师能解答各类疑问、培训师能从事专门领域的培训等。所有这一切都表示，专家所掌握的专业技能实际上就是不同领域的知识，同时还能运用这些知识进行推理以获得领域内所需的知识或技能。系统指的是计算机系统，特别指的是建立在一定计算机平台上的软件系统。这种系统能存储足够多的知识且能进行推理，从而达到替代专家的工作。

专家系统是一个能在某特定领域内，以人类专家水平去解决该领域中困难问题的计算机应用系统。其特点是拥有大量的专家知识（包括领域知识和经验知识），能模拟专家的思维方式，面对领域中复杂的实际问题，能做出专家水平的决策，像专家一样解决实际问题。这种系统主要用软件实现，能根据形式的和先验的知识推导出结论，并具有综合整理、保存、再现与传播专家知识和经验的功能。

（1）专家系统组成。

第一，知识库。专家系统中有多个领域知识，如肝病诊治专家系统即由多个有关诊断与治疗肝病的知识。它们以事实与规则表示，并采用一定的知识表示形式，如逻辑表示形式、产生式表示形式等，而目前以知识图谱表示形式为多见。在专家系统中将这些众多领域知识集合于一起组成一个知识库以便于系统对知识的访问、使用与管理，如知识查询、增加、删除、修改等操作以及知识推理等。

知识库是一个组织、存储与管理知识的软件，它向用户提供若干操作语句，为用户使用知识库提供方便。知识则是存储于知识库内的知识实体。对不同专家系统，它们可以有相同的知识库，但是有不同的知识实体。

第二，知识获取接口。知识库中的知识是由专门从事采集知识的工作人员从专家处经分析、处理并总结而得，这些人员称为知识工程师。在传统的专家系统中，原始知识获取即是通过这种人工方法获得的。在现代专家系统中可通过机器学习、大数据等多种自动方法获得。由于自动方法所获得的知识涉及当今人工智能中的多种学科，因此这里仅介绍人工方法所获得的知识作为专家系统的知识来源。

在获得知识后需要有一个接口将它们从外部输入知识库，这就是知识获取接口。知识库一旦获得了知识后，就能在专家系统中发挥作用。

第三，推理引擎。在专家系统中知识是基础，但是仅有知识是不够的，它还需要对知识做推理，才能得到所需的结果，如肝病诊治专家系统中除了有诊断与治疗肝病的知识外，还需运用专家的思维对它们做推理，最后才能得到正确的诊断结果与治疗方案。在专家系统中实现推理的软件称为推理引擎，这是一种演绎性的自动推理软件，一般它可因知识表示方法不同而有所不同。

第四，系统输入/输出接口。专家系统是为用户服务的，因此需要有一个系统与用户之间的输入/输出接口，以建立专家系统与用户之间的关联。①输入：用户对专家系统的需求以一定形式通过输入端接口进入系统。②输出：专家系统响应该需求进行运行推理，最终将结果以一定形式通过输出端接口通知用户。在系统输入/输出接口中还要有一定形式的人机交互界面，以方便人机交互。

第五，应用程序。需要有一个专家系统的应用程序，该程序协调输入/输出接口、知识库、推理引擎之间的关系以及监督推理引擎运行。

在传统专家系统中，由于流程简单，监督极少，因此应用程序往往可以省略。但在现代专家系统中流程复杂，监督烦琐，因此应用程序是不可缺少的。

（2）用专用开发工具开发。

在一般情况下，专家系统开发使用专用的专家系统开发工具，目前有多种这方面的专家系统开发工具。早期典型的有 EMYCIN、KAS、EXPERT 等。这些开发工具通常是利用一些已成熟的用计算机程序设计语言开发的专家系统抽取知识库中的具体知识演化而成的。和具体的专家系统相比，它保留了原系统的基础框架（知识库、接口与推理引擎）而对用户输入/输出接口中的人机界面由专用的扩充成通用的。

如 EMYCIN 是将诊断治疗细菌感染的专家系统 MYCIN 抽取其知识库中的知识而获得，它是一个可以开发一般医疗诊治的开发工具。而 KAS 则是地质专家系统 PROSPECTOR 的骨架系统。用于诊治青光眼的专家系统 CASENT 抽取了其具体知识后就是专门用于医学诊治的开发工具 EXPERT。

利用专家系统开发工具只要将不同领域知识填充至知识库中，并编写一个应用程序即可使用已有的推理引擎，通过输入/输出接口即可构成一个新的专家系统。

专家系统开发工具目前因不同类型及不同知识表示方法而有很多种类。这是由于不同的知识表示方法，有不同知识推理引擎与知识获取接口，同时因不同专家系统类型，输入

/输出接口也有所不同。不同的专家系统应根据不同类型与知识表示而选用不同专家系统开发工具。

（3）专家系统的开发步骤。

专家系统的开发总体来说是一种计算机软件开发，因此一般需遵从软件工程开发原则，并适当变通。以常用的专家系统开发工具的方法以及人工获取知识的手段为前提，对开发步骤做介绍。

开发一个专家系统一般可分为下面六个开发步骤。

一是需求分析。在需求分析中需做三件事：①确定专家系统的目标，即专家系统类型；②确定专家系统知识来源以及确定所用知识的表示方法；③确定应用程序工作流程。需编写需求分析说明书，作为文档保存。参与此步骤的开发人员应是知识工程师及软件分析员。

二是统设计。在完成需求分析后即进入系统设计阶段，在此阶段中需完成三件事：①根据专家系统类型以及知识的表示方法确定所选用的开发工具。②由知识工程师根据知识来源，通过总结、整理、归纳最终得到该专家系统的知识。③由应用程序工作流程组织软件程序模块。需编写系统设计说明书，作为文档保存。参与此步骤的开发人员应是知识工程师及软件分析员。

三是系统平台设置。根据系统设计设置系统平台，包括：①系统硬件平台，如计算机平台、计算机网络平台等。②系统软件平台，如计算机平台中的操作系统、开发工具及知识库工具等；计算机网络平台中的开发工具及知识库工具等。需编写系统平台设置说明书，作为文档保存。参与此步骤的开发人员应是系统及软件分析员。

四是系统编码。系统编码分为两个部分内容：①知识编码。按开发工具提供的编码方式对知识编码，并在编码后通过知识获取接口将它们依次录入开发工具的知识库中。②应用程序编码。按开发工具提供的编码方式对软件程序模块编码，并在编码后将它们放入开发工具相应的应用程序中。需编写知识列表清单及源代码清单，作为文档保存。在完成系统编码后，一个具有实用价值的专家系统就初步完成。参与此步骤的开发人员应是知识工程师及编码员。

五是系统测试。对编码完成的专家系统做测试。测试的主要内容是针对专家系统中的知识与应用程序进行的，包括：①局部测试，包括对知识库中的知识做测试以及对应用程序做测试。②全局测试，在做完局部测试后即进入全局测试，包括开发工具与应用程序以及安装有知识的知识库这三者之间的联合测试。在完成测试后需编写测试报告，作为文档保存。编码员需根据测试报告的要求对专家系统调整与修改，使其能达到需求分析的要求。参与此步骤的开发人员应是测试员及编码员。

六是运行与维护。经过测试后的专家系统可以正式投入运行。在运行过程中还需要不断地对系统做一定的维护。这种维护包括两方面：①知识库的维护，对知识库做增、删、改等不断维护。②应用程序的维护，对应用程序做不断调整与修改。在运行过程中需每日填报运行记录。在每次维护后需填报维护记录作为文档保存。参与此步骤的开发人员应是知识工程师及运行维护员。

8. 自动定理证明

自动定理证明是指利用计算机证明非数值性的结果，即确定它们的真假值。在数学领域中对臆测的定理寻求一个证明，一直被认为是一项需要智能才能完成的任务。定理证明时，不仅需要有根据假设进行演绎的能力，而且需要有某种直觉和技巧。自动定理证明的方法主要有以下方面：

（1）自然演绎法。它的基本思想是依据推理规则，从前提和公理中可以推出许多定理。

（2）判定法。它对一类问题找出统一的计算机上可实现的算法解。

（3）定理证明器。它研究一切可判定问题的证明方法。

（4）计算机辅助证明。它以计算机为辅助工具，利用机器的高速度和大容量，帮助人完成手工证明中难以完成的大量计算、推理和穷举。

9. 自然语言处理

自然语言处理又称自然语言理解，就是计算机理解人类的自然语言，如汉语、英语等，并包括口头语言和文字语言两种形式。它采用人工智能的理论和技术将设定的自然语言机理用计算机程序表达出来，构造能理解自然语言的系统，通常分为书面语的理解、口语的理解、手写文字的识别三种情况。

（1）自然语言理解的标志。自然语言理解的标志为：①计算机能成功地回答输入语料中的有关问题；②在接受一批语料后，有对此给出摘要的能力；③计算机能用不同的词语复述所输入的语料；④有把一种语言转换成另一种语言的能力，即机器翻译功能。

（2）自然语言理解的原理。这里的自然语言主要指的是汉语。汉字中的自然语言理解的研究对象是：汉字串，即汉字文本。其研究的目标是：最终被计算机所理解的具有语法结构与语义内涵的知识模型。

面对一个汉字串，使用自然语言理解的方法最终可以得到计算机中的多个知识模型，这主要是汉语言的歧义性所造成的。在对汉字串理解的过程中，与上下文有关，与不同的场景或不同的语境有关。另外，在理解自然语言时还需运用大量的有关知识，需要多种知识，以及基于知识上的推理。

在自然语言理解过程中必须使用人工智能技术才能消除歧义性，使最终获得的理解结果与自然语言的原意是一致的。在具体使用中需要用到的人工智能技术是知识与知识表示、知识库、知识获取等内容。重点使用的是知识推理、机器学习及深度学习等方法。

在汉字中自然语言理解的研究对象是汉字串，研究的结果是计算机中具有语法结构与语义内涵的知识模型，研究所采用的技术是人工智能技术。

从其研究的对象汉字串，即汉字文本开始。在自然语言理解中的基本理解单位是：词，由词或词组所组成的句子，以及由句子所组成的段、节、章、篇等。关键的是：词与句。对词与句的理解中分为语法结构与语义内涵两种，可分为词法分析、句法分析及语义分析三部分内容。

10. 人工神经网络

人工神经网络就是由简单单元组成的广泛并行互联的网络。其原理是根据人脑的生理结构和工作机理，实现计算机的智能。

人工神经网络是人工智能中最近发展较快、十分热门的交叉学科。它采用物理上可实现的器件或现有的计算机来模拟生物神经网络的某些结构与功能，并反过来用于工程或其他领域。人工神经网络的着眼点不是用物理器件去完整地复制生物体的神经细胞网络，而是抽取其主要结构特点，建立简单可行且能实现人们所期望功能的模型。人工神经网络由很多处理单元有机地连接起来，进行并行的工作。人工神经网络的最大特点是具有学习功能。通常的应用是先用已知数据训练人工神经网络，然后用训练好的网络完成操作。

第二节　信息搜索与神经网络技术应用

一、信息搜索技术应用

"搜索是利用计算机强大的计算能力来解决自身可以解决的问题。其思路很简单，就是把问题的各个可能的解交给计算机进行处理，从中找出问题的最终解或一个较为满意的解，从而可以用接近算法的角度，把搜索的过程理解为根据初始条件和扩展规则构造一个解答空间，并在这个空间中寻找符合目标状态的过程"。[①]

搜索引擎是一种用于帮助网络用户查询信息的搜索工具，它以一定的策略在网络中搜集、发现信息，对信息进行理解、提取、组织和处理，并为用户提供检索服务，达到信息

①朱福喜．人工智能［M］．3版．北京：清华大学出版社，2017：17.

导航的目的。

（一）搜索引擎技术

搜索引擎是在万维网上查找信息的工具，为了实现协助用户在万维网上查找信息的目标，搜索引擎需要完成搜集、组织、检索万维网信息并将检索结果反馈给用户这一系列的操作。一般而言，完成信息搜索引擎的任务需要两个过程：一是在服务器方，也就是服务提供者对网络信息资源进行搜索分析标引的过程（称作信息标引过程）；二是当用户方提出检索需求时，服务器方搜索自己的信息索引库，然后发送给用户的过程（称作提供检索过程）。

1. 搜索引擎的基本部件

用户通过检索表达式页面的填写反映出自己的检索意向，向系统送交请求。系统答复后，用户可以根据具体情况，决定是否访问资源所在地。信息搜索引擎在整个信息检索过程中起到了指南和向导的作用，方便了人们的检索。对应以上两个过程，搜索引擎一般需要以下四个不同的部件来完成：

（1）搜索器。功能是在互联网中漫游、发现和搜集信息。

（2）索引器。功能是理解搜索器所搜索的信息，从中抽取出索引项，用于表示文档以及生成文档的索引表。

（3）检索器。功能是根据用户输入的关键词在索引器形成的倒排表中进行查询，同时完成页面与查询之间的相关度评价，对将要输出的结果进行排序，并实现某种用户相关性反馈机制。

（4）用户接口。作用是输入用户查询、显示查询结果、提供用户相关性反馈机制。

搜索引擎系统由数据抓取子系统、内容索引子系统、链接结构分析子系统和信息查询子系统四个部分组成。

信息搜索模型是信息搜索系统的核心，它为搜索系统信息的有效获取提供了重要的理论支持。目前文本信息搜索的方法有：基于关键字匹配的检索方法，基于主题的搜索引擎，启发式的智能搜索方法等。研究与开发文本信息搜索的技术重点是自动分词技术、自动摘要技术、信息的自动过滤技术、自然语言的理解识别技术。

2. 搜索引擎的类别划分

搜索引擎可分为如下三类：

（1）一般搜索引擎，也是一般网民经常在网络上用到的搜索工具，通常分为三类：基于 Robot 的搜索引擎、分类目录、两者相结合的搜索引擎。

（2）元搜索引擎，是对分布于网络的多种检索工具的全局控制机制，它通过一个统一用户界面帮助用户在多个搜索引擎中选择和利用合适的搜索引擎来实现检索操作。

（3）专题性搜索引擎，满足针对特定领域，追求专业或学科最全，其服务对象是专业人员与研究人员。

搜索引擎的其他分类方法还有：按照自动化程度分为人工与自动引擎；按照是否具有智能功能分为智能与非智能引擎；按照搜索内容分为文本搜索引擎、语音搜索引擎、图形搜索引擎、视频搜索引擎等。

搜索引擎的发展朝着这四个趋势进行：①各种搜索引擎走向不断融合；②多样化和个性化的服务；③强大的查询功能；④本地化。

（二）智能搜索引擎技术

未来的搜索引擎发展方向是采用基于人工智能技术的 Agent 技术，利用智能 Agent 的强大功能实现网络搜索的系统化、高效化、全面化、精确化和完整化，并实现智能分析和评估检测的能力，以满足网络用户不断发展的需求。

智能搜索引擎是结合人工智能技术的新一代搜索引擎。它将使信息检索从目前基于关键词层面提高到基于知识（概念）层面，对知识有一定的理解与处理能力，能实现分词技术、同义词技术、概念搜索、短语识别以及机器翻译技术等。智能搜索引擎具有信息服务的智能化、人性化特征，允许网民采用自然语言进行信息的检索，为他们提供更方便、更确切的搜索服务。具体可归纳为三个方面的特征：①Robot 技术向分布式、智能化方向发展；②人机接口的智能化，主要是通过提供更好的人机交互界面技术和关联式的综合搜索结果两方面来体现；③更精确的搜索，包括智能化搜索、个性化搜索、结构化搜索、垂直化专业领域搜索、本土化搜索等。

常用的智能搜索引擎技术包括：自然语言理解技术、对称搜索技术、基于 XML 的技术。随着移动计算、社会计算和云计算等技术的成熟和发展，搜索引擎向移动搜索、社区化搜索、微博搜索和云搜索等方向发展。

二、神经网络技术应用

（一）神经网络技术的优点

"神经网络是借鉴人脑的结构和特点，通过大量简单处理单元互联组成的大规模并行分布式信息处理和非线性动力学系统。神经网络由具有可调节权值的阈值逻辑单元组成，通过不断调节权值，直至动作计算表现令人满意来完成学习"。①

神经网络具有以下优点：①可以充分逼近任意复杂的非线性关系；②具有很强的鲁棒性和容错性；③并行处理方法，使计算快速；④可以处理不确定或不知道的系统，因神经网络具有自学习和自适应能力，可根据一定的学习算法自动地从训练实例中学习；⑤具有很强的信息综合能力，能同时处理定量和定性的信息，能很好地协调多种输入信息关系，适用于多信息融合和多媒体技术。

（二）典型的神经网络分析

1. 多层感知网络

典型的多层感知网络是三层、前馈的阶层网络，即：输入层、隐含层（也称中间层）、输出层。相邻层之间的各神经元实现全连接，即下一层的每一个神经元与上一层的每个神经元都实现全连接，而且每层各神经元之间无连接。

学习规则及过程：它以一种有教师的方式进行学习。首先由教师对每一种输入模式设定一个期望输出值。然后对网络输入实际的学习记忆模式，并由输入层经中间层向输出层传播（称为"模式顺传播"）。实际输出与期望输出的差即是误差。按照误差平方最小这一规则，由输出层往中间层逐层修正连接权值，此过程称为"误差逆传播"。所以误差逆传播神经网络也简称 BP（back propagation）神经网络。随着"模式顺传播"和"误差逆传播"过程的交替反复进行，网络的实际输出逐渐向各自所对应的期望输出逼近，网络对输入模式的响应的正确率也不断上升。通过此过程，确定各层之间的连接权值之后就可以学习了。

BP 模型是一种用于前向型神经网络的反向传播学习算法，目前，BP 算法已成为应用最多且最重要的一种训练前向型神经网络的学习算法。BP 模型采用可微的线性转移函数，通常选用 S 型函数。

BP 算法的学习目的是对网络的连接权值进行调整，使对任一输入都能得到所期望的输出。学习的方法是用一组训练样例对网络进行训练，每一个样例都包括输入及期望的输出两部分。训练时，首先把样例的输入信息输入到网络中，由网络自第一个隐层开始逐层进行计算，并向下一层传递，直到传至输出层，其间每一层神经元只影响下一层神经元的状态。然后，以其输出与样例的期望输出进行比较，如果它们的误差不能满足要求，则沿着原来的连接通路逐层返回，并利用两者的误差按一定的原则对各层节点的连接权值进行调整，使误差逐步减小，直到满足要求时为止。调整权值的最简单方法是固定步长的梯度

---

① 佘玉梅，段鹏．人工智能原理及应用 [M]．上海：上海交通大学出版社，2018：144.

下降法。

BP 算法的学习过程的主要特点是逐层传递并反向传播误差，修改连接权值，以使网络能进行正确的计算。由于 BP 网及误差反向传播算法具有中间隐含层并有相应的学习规则可循，使得它具有对非线性模式的识别能力。特别是其数学意义明确、步骤分明的学习算法，更使其具有广泛的应用前景。目前，在手写字体的识别、语音识别、文本—语言转换、图像识别以及生物医学信号处理方面已有实际的应用。

2. 竞争型（KOHONEN）神经网络

竞争型（KOHONEN）神经网络是基于人的视网膜及大脑皮层对刺激的反应而产生的。神经生物学的研究结果表明：生物视网膜中有许多特定的细胞，对特定的图形（输入模式）比较敏感，并使得大脑皮层中的特定细胞产生大的兴奋，而其相邻的神经细胞的兴奋程度被抑制。对某一个输入模式，通过竞争在输出层中只激活一个相应的输出神经元。许多输入模式，在输出层中将激活许多个神经元，从而形成一个反映输入数据的"特征图形"。

这种方法常常用于图像边缘处理，解决图像边缘的缺陷问题。

竞争型神经网络有一些缺点和不足：因为它仅以输出层中的单个神经元代表某一类模式。所以一旦输出层中的某个输出神经元损坏，则导致该神经元所代表的该模式信息全部丢失。

3. Hopfield 神经网络

美国物理学家霍普费尔特分别于 1982 年及 1984 年提出的两个神经网络模型：一是离散的；二是连续的。这些都属于反馈型网络，它们从输入层至输出层都有反馈存在。Hopfield 神经网络可以用于联想记忆和优化计算，他利用非线性动力学系统理论中的能量函数方法研究反馈人工神经网络的稳定性，并利用此方法建立求解优化计算问题的系统方程式来评价和指导整个网络的记忆功能。

基本的 Hopfield 神经网络是一个由非线性元件构成的全连接型单层反馈系统。

网络中的每一个神经元都将自己的输出通过连接权传送给所有其他神经元，同时又都接收所有其他神经元传递过来的信息。即：网络中的神经元 t 时刻的输出状态实际上间接地与自己的 $t-1$ 时刻的输出状态有关。所以 Hopfield 神经网络是一个反馈型的网络。其状态变化可以用差分方程来表征。反馈型网络的一个重要特点就是它具有稳定状态。当网络达到稳定状态时，也就是它的能量函数达到最小的时候。这里的能量函数不是物理意义上的能量函数，而是在表达形式上与物理意义上的能量概念一致，表征网络状态的变化趋势，并可以依据 Hopfield 工作运行规则不断进行状态变化，最终能够达到的某个极小值的目标函数。网络收敛就是指能量函数达到极小值。如果把一个最优化问题的目标函数转换成网络的能量函数，把问题的变量对应于网络的状态，那么 Hopfield 神经网络就能用于解决优化组合问题。

Hopfield 神经网络的能量函数是朝着梯度减小的方向变化，但它仍然存在一个问题，那就是一旦能量函数陷入局部极小值，它将不能自动跳出局部极小点，到达全局最小点，因而无法求得网络最优解，这可以通过模拟退火算法或遗传算法得以解决。

4. 径向基函数网络

径向基函数（RBF）可以从逼近论、正则化、噪声插值和密度估计等观点来推导，是一种将输入矢量扩展或者预处理到高维空间中的神经网络学习方法，其结构十分类似于多层感知器（MLP）。理论基础是函数逼近，它用一个二层前馈网络去逼近任意函数网络输入的数目等效于所研究问题的独立变量数目。

5. 自适应共振理论

自适应共振理论（Adaptive Resonance Theory，ART）是一种无教师的学习网络。基本原理是：每当网络接收外界的一个输入向量时，它就对该向量所表示的模式进行识别，并将它归入与某已知类别的模式匹配中去；如果它不与任何已知类别的模式匹配，则就为它建立一个新的类别。若一个新输入的模式与某一个已知类别的模式近似匹配，则在将它归入该类的同时，还要对那个已知类别的模式向量进行调整，以使它与新模式更相似。

（三）神经网络的具体应用

神经网络广泛应用于航空、汽车、国防、银行、电子市场分析、运输与通信、信号处理、自动控制等。

目前，神经网络、模糊计算技术和遗传算法正在逐渐融合。将它们的不同特性融合在一起，可以取长补短，优化知识发现的过程，实现更加完善的信息处理。神经网络与大数据的双剑合璧优势凸显，在语音识别、计算机视觉、医学医疗、智慧博弈领域都有着上佳表现，成为前沿热点。

第三节　自然语言处理技术

一、自然语言处理技术

语言是用于传递信息的表示方法、约定和规则的集合，是音、义结合的词汇和语法体系，语音和文字是构成语言的两个基本属性。自然语言是区别于形式语言或人工语言的人际交流的口头语言和书面语言。自然语言处理是研究用计算机处理人类语言文字的学科，其研究目标是用计算机实现对自然语言形态的文字及信息的处理，是一门涉及计算机科学、语言学、数学、认知科学、逻辑学、心理学等学科的交叉学科。自然语言处理宏观上指机器能执行人类所期望的某些语言功能，微观上指从自然语言到机器内部之间的一种映射。自然语言处理也称计算语言学。

由于来自互联网产业和传统产业信息化的各种应用需求的推动，更多的研究人员和更多的经费支持进入了自然语言处理领域，有力地促进了自然语言处理技术和应用的发展。语言数据的不断增长、可用的语言资源的持续增加、语言资源加工能力的稳步提高，为研究人员提供了发展更多语言处理技术、开发更多应用、进行更丰富评测的平台。近年来深度学习技术的飞速发展，刺激了对新的自然语言处理技术的探索。同时，来自其他相近学科背景和来自工业界的人员的不断加入，也为自然语言技术的发展带来了一些新思路。计算和存储设备的飞速发展提供了越来越强大的计算和存储能力，使研究人员有可能构建更为复杂精巧的计算模型，处理更为大规模的真实语言数据。

自然语言处理研究内容不仅包括词法分析、句法分析，还涵盖了语音识别、机器翻译、自动问答、文本摘要等应用和社交网络中的数据挖掘、知识理解等。自然语言处理的终极问题是分析出"处理"一门自然语言的过程。近年来，随着自然语言处理技术的迅速发展，出现了一批基于自然语言处理技术的应用系统。

自然语言处理包括自然语言理解和自然语言生成两个方面。自然语言理解系统把自然语言转化为计算机程序更易于处理和理解的形式。自然语言生成系统则把与自然语言有关的计算机数据转化为自然语言。自然语言处理与自然语言理解的研究内容大致相当，自然语言生成往往与机器翻译等同，设计文本翻译和语音翻译。按照应用领域不同，此处探讨自然语言处理的主要研究方向。

第一，文字识别。文字识别借助计算机系统自动识别印刷体或者手写体文字，把它们转换为可供计算机处理的电子文本。对文字的识别，主要研究字符的图像识别，而对高性能的文字识别系统，往往需要同时研究语言理解技术。

第二，语音识别。语音识别也称自动语音识别，目标是将人类语音中的词汇内容转换为计算机刻度的书面语表示。语音识别技术的应用包括语音拨号、语音导航、室内设备控制、语音文档检索、简单的听写数据录入等。

第三，机器翻译。机器翻译研究借助计算机程序把文字或演讲从一种自然语言自动翻译成另一种自然语言，即把一个自然语言的字词变换为另一个自然语言的字词，使用语料库技术可实现更加复杂的自动翻译。

第四，自动文摘。自动文摘是应用计算机对指定的文章做摘要的过程，即把原文档的主要内容和含义自动归纳，提炼并形成摘要或缩写。常用的自动文摘是机械文摘，根据文章的外在特征提取能表达该文中心思想的部分原文句子，并把它们组成连贯的摘要。

第五，句法分析。句法分析又称自然语言文法分析。它运用自然语言的句法和其他相关知识来确定组成输入句各成分的功能，以建立一种数据结构并用于获取输入句意义的技术。

第六，文本分类。文本分类又称文档分类，是在给定的分类系统和分类标准下，根据文本内容利用计算机自动判别文本类别，实现文本自动归类的过程，包括学习和分类两个过程。

第七，信息检索。信息检索又称情报检索，是利用计算机系统从海量文档中查找用户需要的相关文档的查询方法和查询过程。

第八，信息获取。信息获取主要是指利用计算机从大量的结构化或半结构化的文本中自动抽取特定的一类信息，并使其形成结构化数据，填入数据库供用户查询使用的过程。

第九，信息过滤。信息过滤是指应用计算机系统自动识别和过滤那些满足特定条件的文档信息。一般指根据某些特定要求，对网络有害信息的自动识别，过滤和删除互联网某些敏感信息的过程，主要用于信息安全和防护等。

第十，自然语言生成。自然语言生成是指将句法或语义信息的内部表示，转换为自然语言符号组成的符号串的过程，是一种从深层结构到表层结构的转换技术，是自然语言理解的逆过程。

第十一，中文自动分词。中文自动分词是指使用计算机自动对中文文本进行词语的切分。中文自动分词是中文自然语言处理中一个最基本的环节。

第十二，语音合成。语音合成又称文语转换，是将书面文本自动转换成对应的语音表征。

第十三，问答系统。问答系统是借助计算机系统对人提出问题的理解，通过自动推理等方法，在相关知识资源中自动求解答案，并对问题作出相应的回答。回答技术与语音技术、多模态输入输出技术、人机交互技术相结合，构成人机对话系统。

此外，自然语言处理的研究方向还有语言教学、词性标注、自动校对及讲话者识别、辨识、验证等。

二、自然语言处理中的理解

语言被表示成一连串的文字符号或者一串声流，其内部是一个层次化的结构。一个文字表达的句子是由词素—词或词形—词组或句子，用声音表达的句子则是由音素—音节—

音词—音句，其中的每个层次都受到文法规则的约束，因此语言的处理过程也应当是一个层次化的过程。

语言学是以人类语言为研究对象的学科。它的探索范围包括语言的结构、语言的运用、语言的社会功能和历史发展，以及其他与语言有关的问题。自然语言理解不仅需要有语言学方面的知识，而且需要有与所理解话题相关的背景知识，必须很好地结合这两方面的知识，才能建立有效的自然语言理解。

1. 自然语言的分析层次

语言学家定义了自然语言分析的不同层次。

（1）韵律学处理语言的节奏和语调。这一层次的分析很难形式化，经常被省略；然而，其重要性在诗歌中是很明显的，就如同节奏在儿童记单词和婴儿学语中所具有的作用一样。

（2）音韵学处理的是形成语言的声音。语言学的这一分支对计算机语音识别和生成很重要。

（3）词态学涉及组成单词的成分（词素）。包括控制单词构成的规律，如前缀（un-、non-、anti-等）的作用和改变词根含义的后缀（-ing、-ly等）。词态分析对确定单词在句子中的作用很重要，包括时态、数量和部分语音。

（4）语法研究将单词组合成合法的短语和句子的规律，并运用这些规律解析和生成句子。这是语言学分析中形式化最好因而自动化最成功的部分。

（5）语义学考虑单词、短语和句子的意思以及自然语言表示中传达意思的方法。

（6）语用学研究使用语言的方法和对听众造成的效果。例如，语用学能指出为什么通常用"知道"来回答"你知道几点了吗？"是不合适的。

（7）世界知识包括自然世界、人类社会交互世界的知识以及交流中目标和意图的作用。这些通用的背景知识对理解文字或对话的完整含义是必不可少的。

语言是一个复杂的现象，包括各种处理，如声音或印刷字母的识别、语法解析、高层语义推论，甚至通过节奏和音调传达的情感内容。

虽然这些分析层次看上去是自然而然的而且符合心理学的规律，但是它们在某种程度上是强加在语言上的人工划分。它们之间广泛交互，即使很低层的语调和节奏变化也会对说话的意思产生影响，例如讽刺的使用。这种交互在语法和语义的关系中体现得非常明显，虽然沿着这些界线进行某些划分似乎很有必要，但是确切的分界线很难定义。例如，像"They are eating apples"这样的句子有多种解析，只有注意上下文的意思才能决定。

2. 自然语言的理解程序

自然语言理解程序通常将原句子的含义翻译成一种内部表示。包括如下三个阶段：

第一个阶段是解析，分析句子的句法结构。解析的任务在于既验证句子在句法上的合理构成，又决定语言的结构。通过识别主要的语言关系，如主—谓、动—宾和名词—修饰，解析器可以为语义解释提供一个框架。我们通常用解析树来表示它。解析器运用的是语言中语法、词态和部分语义的知识。

第二个阶段是语义解释，旨在对文本的含义生成一种表示，如概念图。其他一些通用的表示方法包括概念依赖、框架和基于逻辑的表示法等。语义解释使用如名词的格或动词的及物性等关于单词含义和语言结构的知识。

第三个阶段要完成的任务是将知识库中的结构添加到句子的内部表示中，以生成句子含义的扩充表示。这样产生的结构表达了自然语言文字的意思，可以被系统用来进行后续处理。

3. 自然语言理解的层次

自然语言理解中至少有三个主要问题：第一，需要具备大程序量的人类知识。语言动作描述的是复杂世界中的关系，关于这些关系的知识必须是理解系统的一部分。第二，语言是基于模式的，音素构成单词，单词组成短语和句子。音素、单词和句子的顺序不是随机的，没有对这些元素的规范使用就不可能达成交流。第三，语言动作是主体的产物，主体或者是人或者是计算机。主体处在个体层面和社会层面的复杂环境中，语言动作都是有其目的的。

从宏观上看，自然语言是指机器能执行人类所期望的某些语言功能；从微观上看，自然语言理解是指从自然语言到机器内部的映射。这些功能主要包括四个方面：①回答问题。计算机能正确地回答用自然语言输入的有关问题。②文摘生成。机器能产生输入文本的摘要。③释义。机器能用不同的词语和句型来复述输入的自然语言信息。④翻译。机器能把一种语言翻译成另外一种语言。

语言学家将自然语言理解分为五个层次：语音分析、词法分析、句法分析、语义分析和语用分析。

（1）语音分析。语音分析就是根据音位规则，从语音流中区分出一个个独立的音素，再根据音位形态规则找出一个个音节及其对应的词素或词。

（2）词法分析。词法指词位的构成和变化的规则，主要研究词自身的结构与性质。词法分析的主要目的是找出词汇的各个词素，从中获得语言学信息。

（3）句法分析。句法是指组词成句的规则，描述句子的结构，词之间的依赖关系。句法是语言在长期发展过程中形成的，全体成员必须共同遵守的规则。层次结构可以是反映从属关系、直接成分关系，也可以是语法功能关系。自动句法分析的方法主要有短语结构文法、格文法、扩充转移网络、功能文法等。

（4）语义分析。语义分析就是通过分析找出词义、结构意义及其结合意义，从而确定语言所表达的真正含义或概念。

（5）语用分析。语用就是研究语言所存在的外界环境对语言使用所产生的影响。它描述语言的环境知识，语言与语言使用者在某个给定语言环境中的关系。关注语用信息的自然语言处理系统更侧重于讲话者/听话者模型的设定，而不是处理嵌入给定话语中的结构。信息学者们提出了多种语言环境的计算模型，描述讲话者和他的通信目的，听话者和他对说话者信息的重组方式。构建这些模型的难点在于如何把自然语言处理的不同方面以及各种不确定的生理、心理、社会及文化等背景因素集中到一个完整连贯的模型中。

三、大规模真实文本的语言处理

语料库指存储语言材料的仓库。现代的语料库是指存放在计算机里的原始语料文本或经过加工后带有语言学信息标注的语料文本。

关于语料库，有这三点基本认识：①语料库中存放的是在语言的实际使用中真实出现过的语言材料；②语料库是以电子计算机为载体承载语言知识的基础资源；③真实语料需要经过加工（分析和处理），才能成为有用的资源。

大规模真实文本处理的数学方法主要是统计方法，大规模的经过不同深度加工的真实文本的语料库的建设是基于统计性质的基础。如何设计语料库，如何对生语料进行不同深度的加工以及加工语料的方法等，正是语料库语言学要深入进行研究的。

规模为几万、十几万甚至几十万的词，含有丰富的信息（如包含词的搭配信息、文法信息等）的计算机可用词典，对自然语言处理系统的作用是很明显的。采用怎样的词典结构，包含词的哪些信息，如何对词进行选择，如何以大规模语料为资料建立词典，即如何从大规模语料中获取词等都需要进行深入的研究。

对大规模汉语语料库的加工主要包括自动分词和标注，包括词性标注和词义标注。汉语自动分词的方法主要以基于词典的机械匹配分词方法为主，包括最大匹配法、逆向最大匹配法、逐词遍历匹配法、双向扫描法、设立切分标志法及最佳匹配法等。

词性标注就是在给定句子中判定每个词的文法范畴，确定其词性并加以标注的过程。

词性标注的方法主要是兼类词的歧义排除法。方法主要有两大类：一类是基于概率统计模型的词性标注方法；另一类是基于规则的词性标注方法。

词义标注是对文本中的每个词根据其所属上下文给出它的语义编码，这个编码可以是词典释义文本中的某个义项号，也可以是义类词典中相应的义类编码。

四、自然语言处理中的机器翻译

1. 机器翻译的模式

机器翻译过程就是由一个符号序列变换为另一个符号序列的过程。这种变换有以下三种基本模式：

（1）直译式（一步式）。直接将特定的源语言翻译成目标语言，翻译过程主要表现为源语言单元（主要是词）向目标语言单元的替换，对语言的分析很少。

（2）中间语言式（二步式）。先分析源语言，并将其变换为某种中间语言形式，然后再从中间语言出发，生成目标语言。

（3）转换式（三步式）。先分析源语言，形成某种形式的内部表示（如句法结构形式），然后将源语言的内部表示转换为目标语言对应的内部表示，最后从目标语言的内部表示再生成目标语言。

以上这三种模式构成了机器翻译的金字塔。塔底对应于直译式，塔顶对应于中间语言式，为翻译的两个极端；中间不同层次统称为转换式。金字塔最下层的直译式主要是基于词的翻译。在塔中，每上升一层，其分析更深一层，向"理解"更逼近一步，翻译的质量也更进一层；越往上逼近，处理的难度和复杂度也越大，出错以及错误传播的机会也随之增加，这可能影响翻译质量。

2. 机器翻译的类别

根据知识获取方式的不同，可以将机器翻译分成基于人工知识的机器翻译与基于学习的机器翻译方法；根据学习方法的不同，可以将机器翻译分为非参数方法（或实例方法）与参数方法（或统计方法）。

（1）基于人工规则的方法。最典型的知识表示形式是规则，因此，基于规则的机器翻译也成为这类方法的代表。翻译规则包括源语言的分析规则，源语言的内部表示向目标语言内部表示的转换规则，以及目标语言的内部表示生成目标语言的规则。

（2）基于实例的方法。从实例库中寻找与待翻译的源语言单元最相似的例子，再对相应的目标语言单元进行调整。

（3）基于统计模型的方法。统计翻译模型是利用实例训练模型参数，以参数服务于机器翻译。由于统计机器翻译本质上是带参数的机器学习，与语言本身没有关系，因此模型适用于任意语言对，也方便迁移到不同应用领域。翻译知识都通过相同的训练方式对模型参数化，翻译也用相同的解码算法去推理实现。

统计机器翻译是目前主流的机器翻译方法。下面介绍基于词的统计机器翻译和基于短语的统计机器翻译。

（1）基于词的统计机器翻译。IBM 最早提出的五个翻译模型就是基于词的模型，其基本思想包括三点：①对于给定的大规模句子对齐的语料库，通过词语共现关系确定双语的词语对齐；②一旦得到了大规模语料库上的词语对齐关系，就可以得到一张带概率的翻译词典；③通过词语翻译概率和一些简单的词语调序概率，计算两个句子互为翻译的概率。

IBM 模型通过利用给定的大规模语料库中的词语共现关系，自动计算出句子之间词语对齐的关系，而不需要利用任何外部知识（如词典、规则等），同时可以达到较高的准确率，这比单纯使用词典方法的正确率要高得多。这种方法的原理，就是利用词语之间的共现关系。例如，已知这两个句子对是互为翻译的：AB⇔XY，AC⇔XZ。根据直觉，容易猜想 A 翻译成 X，B 翻译成 Y，C 翻译成 Z。只是当有成千上万的句子对，每个句子都有几十个词的时候，依靠人的直觉就不够了。IBM 模型将人的这种直觉用数学公式定义出来，并给出了具体的实现算法，这种算法称为 EM 训练算法。

通过 IBM 模型的训练，利用一个大规模双语语料库可以得到一部带概率的翻译词典。IBM 模型也对词语调序建立了模型，但这种模型是完全不考虑结构的，因此对词语调序的刻画能力很弱。在基于词的翻译方法中，对词语调序起主要作用的还是语言模型。

在基于词的统计翻译模型下，解码的过程通常可以理解为一个搜索的过程，或者一个不断猜测的过程。这个过程分为三步：第一步，猜测译文的第一个词是源文的哪一个词翻译过来的；第二步，猜测译文的第二个词应该是什么；第三步，猜测译文的第二个词是源文的哪一个词翻译过来的；以此类推，直到所有源文词语都翻译完。

在解码的过程中，要反复使用翻译模型和语言模型来计算各种可能的候选译文的概率，以避免搜索的范围过大。

IBM 模型可以较好地刻画词语之间的翻译概率，但由于没有采用任何句法结构和上下文信息，它对词语调序能力的刻画非常弱。由于词语翻译的时候没有考虑上下文词语的搭配，也经常会导致词语翻译的错误。

尽管作为一种基于词的翻译模型，IBM 模型的性能已经被新型的翻译模型所超越，但作为一种大规模词语对齐的工具，IBM 模型仍然在统计机器翻译研究中广泛使用，而且几乎是不可或缺的。

（2）基于短语的统计机器翻译。目前，基于短语的统计翻译模型已经趋于成熟，其性能已经远远超过了基于词的统计翻译模型（IBM 模型）。这种模型建立在词语对齐的语料库的基础上，其中词语对齐的工作仍然要依靠 IBM 模型来实现。

基于短语的统计翻译模型原理是在词语对齐的语料库上，搜索并记录所有的互为翻译的双语短语，并在整个语料库上统计这种双语短语的概率。

假设已经得到两个词语对齐的片段，解码（翻译）的时候，只要将被翻译的句子与短语库中的源语言短语进行匹配，找出概率最大的短语组合，并适当调整目标短语的语序即可。

这种方法几乎就是一种机械的死记硬背式的方法。基于短语的统计翻译模型的性能远远超过了已有的基于实例的机器翻译系统。

五、自然语言语音信号处理与识别

语音识别系统需要几个层次的处理。词语以声波传送，声波也就是模拟信号，信号处理器传送模拟信号，并从中抽取诸如能量、频率等特征。这些特征映射为单个语音单元（音素）。单词的发音是由音素组成的，因此最终阶段是将"可能的"音素序列转换成单词序列。构成单词发音的独立单元是音素，音素可能由于上下文不同而发音不同。

语音的产生要求将单词映射为音素序列，然后将之传送给语音合成器，单词的声音通过说话者从语音合成器发出。

1. 语音信号的处理

声波在空气压力下会发生变化。振幅和频率是声波的两个主要特征，振幅可以衡量某一时间点的空气压力，频率是振幅变化的速率。当对着麦克风讲话时，空气压力的变化会导致振动膜发生振荡，振荡的强度与空气压力（振幅）成正比，振动膜振荡的速率与压力变化的速率成正比，因此振动膜离开它的固定位置的偏移量就是振幅的度量。根据空气是压缩的或是膨胀（稀薄）的，振动膜的偏移可以被描述为正或负。偏离的幅度取决于当振动膜在正值与负值之间循环时，在哪一个时间点测量偏差值。这些度量值的获取称为采样。当声波被采样时，绘制成一个 x-y 平面图，x 轴表示时间，y 轴表示振幅，每秒钟声波重复的次数为频率。每一次重复是一个周期，所以，频率为 10 意味着 1 秒钟内声波重复 10 次——每秒 10 个周期或更一般地表示为 10Hz。

声音的音量与功率的大小有关，与振幅的平方有关。用肉眼观察声波的波形得不到多少信息，只能看出元音与大多数辅音的差别，仅仅简单地看一下波形就确定一个音素是元音还是辅音是不可能的。从麦克风所捕获的数据包含了所需单词的信息，否则不可能将语音记录下来，并将其回放为可理解的语音。语音识别的要求是抽取那些能帮助辨别单词的信息，这些信息应该很简洁而且易于计算。典型地，应该将信号分割成若干块，从块中抽取大量不连续的值，这些不连续的值通常称为特征。信号的每个块称为帧，为了保证落在帧边缘的重要信息不会丢失，应该使帧有重叠。

人们说话的频率在 10kHz 以下（每秒 10000 个周期）。每秒得到的样本数量应是需要记录的最高语音频率的两倍。

在语音识别中，常用另一种称作线性预测编码（Linear Predictive Coding，LPC）的技术来抽取特征。傅里叶变换可用来在后一阶段中提取附加信息。LPC 把信号的每个采样表示为前面采样的线性组合。预测需要对系数进行估计，系数估计可以通过使预测信号和附加真实信号之间的均方误差最小来实现。

频谱代表波不同频率的组成成分，它可以利用傅里叶变换、LPC 或其他方法得到。频谱能识别出与不同音素相匹配的主控频率，这种匹配可以产生不同音素的可能性估计。

综上所述，语音处理包括从一段连续声波中采样，将每个采样值量化，产生一个波的压缩数字化表示。采样值位于重叠的帧中，对每一帧抽取出一个描述频谱内容的特征向量。然后，音素的可能性可通过每帧的向量来计算。

2. 语音的识别解读

声源被简化为特征集合后，下一个任务是识别这些特征所代表的单词，识别系统的输入是特征序列，而单词对应于字母序。如果要分析一个大的单词库，就要识别某种字母序列比其他字母序列更有可能发生的模式。例如，字母 y 跟在 ph 后面出现的概率要大于跟在 t 后面出现的概率。马尔可夫模型是表示序列可能出现的一种方法。

在识别问题中，输入的是观察序列，而观察序列是由信号处理抽取得到的特征。不同的单词有不同的转移状态和概率，识别器的任务是确定哪一个单词模型是最可能的。因此，需要一种实现抽取路径的方法。

隐马尔可夫模型（Hidden Markov Model，HMM）是一种统计分析模型，创立于 20 世纪 70 年代。HMM 的状态不能直接观察到，但能通过观测向量序列观察到。自 20 世纪 80 年代以来，HMM 已成功地用于语音识别、行为识别、文字识别和移动通信核心技术"多用户的检测"，隐马尔可夫模型建立了单词特征及一个特征出现在另一个特征之后的概率模型，可用于状态不直接可见的识别问题。

第五章　信息技术在智慧城市建设中的应用探索

第一节　智慧城市信息安全保障体系的构建

信息安全是智慧城市①健康发展的基石，没有健全的信息安全保障机制和体系，智慧城市就如釜底抽薪，难以保障，无法持续发展。智慧城市发展尽管面临着各种亟待解决的问题，网络与信息安全问题始终是智慧城市建设的战略重点和人们关注的核心焦点。在智慧城市建设的设计、实施、运行等阶段，同步规划、推进、加强网络与信息安全保障体系至关重要。

一、智慧城市信息安全保障体系构建规划

在智慧城市的建设过程中，信息安全保障建设至关重要，需要在国家层面推动智慧城市信息安全保障体系的构建。智慧城市信息安全保障体系要充分发挥国家信息安全队伍的优势，充分调动信息安全企业的积极性，通过体制机制创新带动产业技术创新，强化对智慧城市信息安全战略地位的认知；要从整体上统筹智慧城市信息化安全需求和资源，总体规划功能完善、结构清晰的智慧城市安全基本框架，通过法律法规、标准规范、组织管理、技术、基础设施、人才培养等多个方面的综合性保障建设，为智慧城市的发展保驾护航。

建立智慧城市信息安全保障体系，就是要建立和完善智慧城市信息安全相关法律、法规，运用法律措施和手段保障智慧城市信息化的发展；建立统一的智慧城市信息安全标准体系，以标准化促进和带动信息安全产业的发展，以标准化来解决安全互联、互通问题；建立信息安全管理机制，加强信息安全管理，打击利用信息技术进行的各种违法犯罪活动；加强关键技术研究，开发具有自主知识产权的信息安全核心技术和产品；建设信息安全基础设施，建立和完善各种应急处置和备份体系；建立信息安全培训和人才培养体系，

---

①智慧城市是运用物联网、云计算、大数据、空间地理信息集成等新一代信息集成技术，促进城市规划、建设、管理和服务智慧化的新理论和新模式。

实施人才战略。通过逐步实现保护、检测、预警、反应、恢复和反制等信息安全保障环节，全面提升和增强信息安全防护能力、隐患发现能力、应急反应能力和信息对抗能力，为防范来自组织内部、外部和内外勾结以及灾害和系统的脆弱性所构成的对信息基础设施、应用和内容各层面的安全威胁，为国家信息安全提供全方位的保障。

构建智慧城市信息安全保障体系，主要包括以下三方面内容。

（一）强化信息安全工作的组织保障

建立健全智慧城市信息安全管理体系，制定符合整个城市的安全方针、安全策略以及整体的安全战略规划，参考国际先进安全管理经验和标准体系，形成一整套对智慧城市信息安全有效管理的规定，完善信息安全管理与控制的流程，将高层人员参与、安全绩效考核、人员信息安全意识与技能培训等纳入信息安全管理保障体系，加强涉密信息的监督管理工作，对网上发布的信息进行监控，及时发现泄密事件，将危害控制在最小的范围内，使保密制度得到有效的执行和落实。信息安全管理体系要做到集中智慧城市各个方面的网络安全情况，及时正确地做出决策，有效地组织协调各个职能部门，采取有针对性的安全保障措施，保障智慧城市信息安全。

智慧城市相关的基础网络和重要信息系统运营、使用单位应根据自身情况，制定包括安全责任制度、定期检查制度、评估改进制度、安全外包制度、事故报告制度等在内的日常信息安全规章制度，积极开展等级保护和风险评估工作，对网络与信息系统安全的潜在威胁、薄弱环节和防护措施进行分析评估，从而提高整体信息安全保护能力，保证智慧城市信息系统的安全运行。

（二）推进信息化发展的自主可控

建立智慧城市信息安全技术体系是指参照国家信息系统等级保护的要求，通过构建统一的信息安全保障平台，实现统一入口、统一身份认证，建立科学实用的智慧城市全程访问控制机制，覆盖智慧城市各横向层次，同时对不同的横向层次根据其特性加强信息安全保障水平。

采取积极措施，组织和动员各方力量，密切跟踪世界先进技术的发展，加强关键信息安全技术的研究开发，提高自主创新能力，实现关键信息安全技术的自主可控，彻底摆脱核心技术和产品依赖进口的被动局面，为智慧城市的信息安全提供技术保障和支撑。同时要不断开发适应信息安全新形势的新技术与产品，实现不同层次的身份鉴别、访问控制、数据完整性、数据保密性和抗抵赖等安全功能，在物理、网络、主机、应用、终端和数据几个层面建立起强健的智慧城市信息安全技术保障体系。

（三）提供信息安全保障能力的支撑

第一，建立以密码技术为基础的网络信任体系，网络信任体系是为了解决智慧城市网络空间中信息、各种行为主体身份的真实性和可信性问题，建立类似现实生活空间的信任体系，维护智慧城市网络空间的有序运转，包括身份认证、授权管理和责任认定等内容。

第二，建立网络安全态势感知监测手段和信息安全通报预警及应急处置体系。通过建立智慧城市网络安全态势感知监测通报预警平台，实现对智慧城市信息网络和重要信息系统的安全监测与信息共享，并在此基础上构建信息安全应急处置机制，采用集中研判、快速预警、统一指挥、紧急处置、追查反制等策略和措施，有效防范、及时控制和消除有害信息传播、计算机病毒感染和网络攻击以及网络紧急突然事件的危害，并切实解决应急恢复，确保系统容灾能力，保障智慧城市基础信息网络和重要信息系统的安全，维护正常的社会秩序。

第三，建立信息安全测评认证体系，建立和实施信息安全产品的市场准入制度，对广大用户采购信息安全产品，设计、建设、使用和管理安全的信息系统提供科学公正的专业指导，对信息安全产品的研究、开发、生产以及信息安全服务的组织提供严格的规范引导和质量监督，对国外安全产品进行功能上的严格审查，为信息安全产业发展创造一个良好的环境。

二、智慧城市支撑性安全基础设施的构建

我国一向高度关注关键信息基础设施的网络安全保障工作，网络安全主管部门对关键信息基础设施的安全保障工作做出了一系列重要决策和部署，针对关键信息基础设施的网络安全保障意识得到了大幅度的提升，而安全基础设施作为关键信息基础设施的主要组成部分，以及关键信息基础设施网络安全保障的重点，更需要得到更高的重视。

做好关键信息基础设施的网络安全保障工作，需要建立起完整严密的安全基础设施体系，这是一个长期的过程。首先，应该从智慧城市整体的信息安全保障需求与智慧城市关键信息基础设施本身的"定义、定量、定性"三方面入手，明确防护对象与防护手段，使安全基础设施的体系设计与部署具有计划性与针对性；其次，应充分考虑到网络安全风险的"可发现"问题，使网络安全基础设施可以提供准确掌握智慧城市整体与关键基础设施网络安全态势信息的能力；再次，积极推进实现政府部门、科研机构、运营单位、厂商和安全企业等各方之间的网络安全情报共享，加强关键信息基础设施安全防护技术与安全基础设施的研究和应用。最后，依托互联网安全检测与保障体系有效保障"互联网+"时代背景下关键信息基础设施的网络安全。

在智慧城市所特有的开放性、复杂化、集中化的特性下，应分解至智慧城市建设各子系统与其各层的防御体系中，并将具备充分开放性与分布性的网络安全态势感知中心与网络安全情报分析中心作为智慧城市安全基础设施纳入整体安全体系基础之中。

（一）身份管理基础设施构建

智慧城市是我国城镇化发展过程中非常重要的创新之举，发展智慧城市，身份管理基础设施的建设是一个无法被绕过的问题。

为实现构建针对智慧城市信息体系中各市民、公务人员、系统运维管理人员用户账户管理层面和应用层面的、全面完善的安全管控需要，应从以下五个方面来设计身份管理基础设施。

第一，对当前分散于城市各政府机关、企事业单位的各类、各层、各种规模人员身份数据库进行整合与集中关联，建立以居民身份证号为数据库主键的大型身份数据仓库。

第二，在内部建设基于密码技术为核心的统一身份认证服务平台。通过集中用户管理、集中证书管理、集中认证管理、集中授权管理和集中审计管理等应用子系统模块实现智慧城市市民身份账户统一、系统资源整合、应用数据共享和全面集中管控的核心目标。

第三，针对智慧城市市民、公务人员与智慧信息系统运维管理人员，提供针对该类型用户定制的不同统一门户系统，通过集成单点登录模块和调用统一身份认证平台服务，实现针对该类型不同的用户登录展示不同的内容，并根据用户的关注点不同来为用户提供定制桌面的功能。

第四，在智慧城市海量用户身份信息的处理需求下，应能提供基于大数据身份管理服务的统一账户管理平台，通过身份数据仓库中以身份证号码为数据库主键建立各智慧城市应用子系统主、从账户的映射关系，进行应用系统级的访问控制和用户生命周期维护管理功能。

第五，用户证书应能以软证书、实体证书等多种形式保存在 USBKEY、IC 芯片或 RFID 芯片中，保证证书和私钥的安全，并满足多种使用场景的安全需求。

（二）密钥管理基础设施构建

如上所述，身份管理基础设施是智慧城市信息安全体系的基石，而支撑身份管理基础设施所必需的密码技术也自然成为必要的安全基础技术。密钥管理，是密码技术的核心问题，密钥管理基础设施自然也成为智慧城市安全基础设施的重要组成部分。

PKI/CA 体系通过发放和维护数字证书的方式来建立一套网络信任体系，是我们目前使用最广泛的密码技术，不仅解决了网络上的身份验证问题，同时可以有效保护数据在网络传输过程中的机密性、完整性和抗抵赖性。然而对智慧城市信息系统来说，PKI/CA 体系难以直接部署，其原因有以下两方面。

第一，智慧城市信息系统覆盖范围广、涉及应用系统种类与数量繁多、涉及用户种类与数量繁多，无法提供统一、标准的证书和密钥管理服务，不同系统之间存在数据格式及传输协议的差异，可整合性与互操作性较差。

第二，智慧类应用终端复杂且多样，涉及不同的硬件环境、操作系统和应用软件，对密钥的管理、存储和使用方式都有不同的要求，所有操作都需在智慧应用终端执行，存在着密钥应用统一开发困难、部署应用困难、资源开销难以控制等问题。

（三）安全运维管理中心构建

建立在管理、运维、技术上统一集中的城市级信息安全运维管理中心，是智慧城市信息安全基础设施的重点任务。建立基于云计算、大数据技术的安全运维管理中心，对智慧城市信息系统各层面所有设备进行安全管理和监控，对安全威胁进行高效预警，对安全事件进行及时响应和处理，保障整个智慧城市信息系统的安全运行。

智慧城市信息安全运维管理中心，需要具备通过高效专业化支撑平台和先进监测工具及时发现、识别安全事件，及时掌握安全状态，了解智慧城市中跨行业网络的网络攻击、病毒传播和异常行为等信息安全事件，为事件定位、应急响应和事件跟踪提供支撑。

其设计思路是构建一个为智慧城市信息安全监测管理与应急响应工作提供支撑的基础平台，实现对全市网络各节点与出口、各门户网站和智慧信息系统的全方位安全监测，以及对各业务子系统安全管理平台 SOC（系统级芯片）的数据采集与对接，以满足对整个智慧城市信息系统进行安全监测的需要。通过不断深入与扩展建设，最终建成全市范围内的统一信息安全监管与应急响应体系。在设计上，应具备如下四个特点。

第一，在部署体系上兼顾集中化与扁平化。在中心设计阶段，应充分考虑到建成城市级中心所需要的数据量与计算量，采用扁平化的二层到三层分布式设计，将日志数据采集、存储与关联分析压力下放至各业务子系统自身的 SOC 平台。

第二，在部署位置上应尽量利用云计算环境。在智慧城市中，云计算中心提供了强大的计算资源，基于 SaaS 模式建设信息安全运维管理中心，有利于安全运维管理系统的高效运行，虚拟云环境下的安全机制也有利于城市信息安全运维管理中心自身的安全保障。

第三，统一集中的网络信息安全监测管理和应急响应。实现对各业务子系统 SOC 的统一管理、各类安全事件信息的汇集和分析处理、事件监测情况的可视化展示和高危事件的预警通报和应急处置。通过建立安全事件报警、处置、监测与监管机制，实现安全事件响应和处置工具化、程序化、规范化的操作和管理，实现安全报警事件的响应和处置全过程整改跟踪，确保安全事件能得到即时、正确的响应和处置。

第四，全方位的智慧应用系统安全监测。采用先进、成熟、实用的安全监测技术和设备，可采用系统接口二次开发的形式，确保各智慧城市业务子系统自身的信息安全管理平台能与其所属业务应用系统进行应用监控数据的对接和采集。

需要特别指出的是，建立城市级信息安全运维管理中心在技术实现方式上，与传统基于单个网络信息系统的 SOC 信息安全管理平台有本质区别：城市级信息安全运维管理中心将不承担对设备日志的采集、归并与关联分析工作，而专注于对各下级 SOC 平台输出的标准化安全事件数据的深度分析与响应决策。

三、智慧城市信息安全技术体系构建

（一）终端接入层安全技术

在终端接入层，把应用终端（包括移动应用终端）、物联网传感器和智能电器作为安全防御的主体，而将接入节点设备归入其上层划到网络通信层，以便统一防御手段。一般采用如下技术手段进行防御。

第一，病毒过滤、报警与隔离。应在具备智能操作系统的终端，如计算机终端、移动应用终端、智能家电等设备上部署病毒及恶意代码过滤、报警和隔离机制，可以考虑使用安装防病毒软件或恶意代码检测系统、使用高安全性的操作系统、严格控制应用软件权限等手段建立病毒与恶意代码防范机制。

第二，终端准入。对应用终端的数据传输层接入，应灵活采用基于有线、无线网络与移动互联网的用户设备身份校验机制，以"4A（认证 Authentication、账号 Account、授权 Authorization、审计 Audit）"身份认证体系为框架，提高终端准入的安全性与准确性。

第三，终端安全管理。对终端应具有安全管理机制，可考虑在终端准入认证客户端捆绑终端安全管理客户端，针对终端用户可能的违规、违法操作行为进行及时发现、阻断与审计，为用户行为审计提供数据来源。

第四，应用层过滤防御。在业务终端的应用层对其数据内容进行安全性检测与过滤，及时发现与阻断恶意、有害与敏感信息进出应用终端。

第五，物联网安全。物联网安全重点是实现用户的可信接入，保护数据的机密性、完整性、可用性、不可抵赖性，应从无线传感网络节点自组网安全策略、传感器网络节点轻量级加密技术和认证机制、移动采集终端和传感器节点的安全加固、电子标签的防伪认证、内容安全获取设备、感知系统安全技术、统一安全标识和解析技术等方面来保障物联网的安全。

（二）网络通信层安全技术

在网络通信层，包括无线基站（包括无线热点与移动通信基站）、通信链路与配套网络设备和广域网接入设备等，须通过严格的访问控制、网络安全监测等方式，并尽量利用加密传输技术保障链路通信安全。

第一，网络设备安全。作为网络通信节点，网络设备（包括防火墙等网关类安全设备）安全是数据传输层安全的基础。应保障网络设备的物理安全，特别要注意临近攻击风险，防止临近设备进行直连操作的攻击方式；还应注意网络设备远程管理协议及用户面临的威胁，加强网络设备自身访问控制机制；做好网络设备加固，及时发现设备软件、固件漏洞并进行修补。

第二，网络访问控制。应对智慧城市的网络基础设施，包括众多接入网络，及子网络中不同的应用系统，根据资产的重要性以及它们面临的安全威胁的不同，结构化地划分为不同的安全域，在安全域的边界利用网络设备访问控制机制与网络安全设备，对基于网络地址与端口的连接进行控制，严格控制网络数据流向与访问权限，在重点防范区域应首先考虑使用访问控制白名单。

第三，网络安全监测。网络安全监测包括网络入侵检测、病毒网关、漏洞扫描、应用数据流安全监测等，对网络数据包进行深度检测，发现网络攻击行为，并对应用数据流量进行安全的智能处理，实现有害信息的监测和过滤，形成安全管控能力。网络入侵检测系统综合运用多种检测手段，采取基于特征和基于行为的检测方法对数据包的特征进行深度检测，有效发现网络中攻击行为和异常访问行为。病毒网关对通过网关设备的数据流进行实时检测，过滤数据流中的病毒、蠕虫。漏洞扫描系统可用来自动检测目标主机、数据库、网络设备、应用系统安全漏洞，它通过模拟黑客攻击，主动对主机、数据库、网络设备、应用系统进行检查测试，完成其漏洞和不安全设置检查功能。应用数据流安全监测是以设备互联关系发现为基础，对网络和信息资产统一管理，全面梳理关键设备列表，自动梳理资产、应用服务、业务数据流、监控异常互联关系和安全隐患。

第四，网络审计取证。网络审计取证包括网络安全审计和网络取证分析两部分。网络安全审计实现基本网络应用协议审计、共享文件审计、特定审计、应用数据流安全审计等功能。网络取证分析是通过网络旁路侦听的方式对网络数据流进行采集、分析和识别，并对应用层协议进行完整还原，根据制定的安全审计策略进行审计响应，重组及回放网络入侵完成入侵取证。

第五，链路加密。针对网络欺骗与网络嗅探风险，对敏感业务应用数据传输应使用加密通信协议进行封装和连接。

（三）云资源接入层安全技术

云资源接入层作为智慧城市技术体系中数据及服务支撑层与网络通信层的边界，具有分隔与转换虚拟化环境和物理环境的重要作用，也承担着对网络层传来的数据进行汇聚分流、对云计算资源进行分发控制等重要计算辅助功能。作为数据应用的第一道边界，应实施严格的访问控制、应用层入侵检测、使用数字证书进行身份认证与识别、行为与动作审计规则，以及实施应用层防护与数据恢复。

第一，访问控制。应以最小化原则制定访问控制规则，严格控制设备服务开放端口与用户访问权限，层内设备之间应具有访问控制机制。

第二，应用层入侵检测。应在本层内旁路或串接部署分布式、可集中管理的，基于OSI应用层入侵的检测系统，及时发现并阻断通过访问控制进入本层面中的OSI应用层包含的有害数据。

第三，使用数字证书进行身份认证与识别。作为云计算虚拟环境边界，需在本层对进出云环境的数据进行识别与标识，为云计算与存储环境中的数据全生命周期追溯提供电子标签。

第四，行为与动作审计。应用系统或用户对云资源做出的请求行为需在本层进行审计，确保云计算环境中的内部用户行为或业务系统动作审计可供关联与追溯。

第五，应用层防护与数据恢复。针对资源控制服务器等具备管理应用功能的设备资产，应在OSI应用层进行数据内容检测与过滤防护。

（四）云平台层安全技术

云平台中的"多租户"与传统安全体系中多用户操作系统以及基于B/S浏览器/服务器架构的互联网用户环境有所区别，不同客户场景对策略驱动需求不同，而不同业务单元又存在着共享业务资源的需求。

云平台本身只是一个载体，根本上其所承载的是用户数据和应用。而多租户云平台的整个运行过程，其实便是一个对不同租户的数据和应用不断隔离—共享—隔离的过程，而云安全有别于传统安全的两大关键便是数据与应用的识别与控制。

因此，整个云平台安全体系的设计与实现，都应紧紧围绕数据与应用两个重点，重点关注云环境内的资源应用监测、行为审计以及数据和隐私保护。

（五）业务应用层安全技术

业务应用层上搭载的是基于智慧城市技术体系架构开发的业务应用系统。因为其搭载于云平台虚拟化环境之上，其访问控制、入侵检测、数字身份认证、行为与动作审计等安全防御措施，都由云平台层提供虚拟化环境下的支持，这也是云计算环境的一大优点。在本层内的业务应用系统，须关注的重点是其在设计思想、开发过程、系统测试中所暴露出的自身应用安全缺陷，建议在本层内部署基于应用层的漏洞扫描系统，如 Web 应用漏洞扫描系统与数据库漏洞扫描系统，在自身开发安全的基础上，增加第三方安全检测机制。

四、智慧城市信息安全管理体系构建

（一）信息安全等级保护

在智慧城市建设过程中，实行信息安全等级保护，本质上就是要明确重点、确保重点。首先要明确重点，对政府而言，这个重点就是关系到国家安全、经济命脉、社会稳定的基础网络和重要信息系统，对地方企业而言，也应根据实际确定自己的保护重点。其次，在系统定级的基础上，还要综合平衡信息安全风险和建设成本，进一步确定重点保护部位，将优先的资源用到最急需、最核心的地方，根据安全等级进行建设和管理，确保核心系统的安全。最后，实行等级保护要坚持从实际出发，我国的信息化发展不平衡，城市之间差异较大，不同部门、不同城市地区信息化所处的发展阶段不同，智慧城市开展的业务服务也不同，面临的信息安全风险和信息安全需求也不一样。因此，在信息安全保障中要从实际安全需求出发，不能片面追求"绝对安全"，必须区分轻重缓急，根据不同等级、不同类别、不同阶段，突出重点，将有限的资源用到最急需保障的地方，解决当前智慧城市建设中面临的主要威胁和存在的问题，有效体现"适度安全、重点保护"的目的。

信息安全等级保护主要有三个内容：信息系统分级保护，对系统中的产品分级管理，对系统中发生的安全事件进行分等级响应和处置。对我们主要开展的智慧城市信息系统等级保护建设来讲，有一套规定的流程，就是通常所说的定级、备案、安全建设整改、测评。为推动和规范我国信息安全等级保护工作，全国信息安全标准化技术委员会和公安部信息系统安全标准化委员会以及其他单位组织制定了信息安全等级保护工作需要的一系列标准，形成了信息安全等级保护标准体系，为开展等级保护工作提供了标准保障。随着新一代信息技术的发展，一些新技术、新应用在智慧城市的建设中发挥了越来越重要的作用，例如云计算、物联网和移动互联网，而且这些技术逐渐延伸到了重要的信息基础设施中，在这种新技术带来便利和好处的同时，也对我们的安全保障工作提出了一些新的需求，原来的等级保护相关标准制度针对这些新技术的运用也或多或少存在着一定的缺陷。面对这些问题，全国信息安全标准化技术委员会联合公安部，邀请了业内主流安全厂商、云服务等厂商，对等级保护的基本要求和测评要求这两个核心标准进行修订，在修订这两

个标准的同时，针对云计算、物联网和移动互联网等新技术领域进行专项细化和完善，推出了相应的扩展标准要求，作为原标准的补充。例如针对云计算有云平台等级保护基本要求、设计要求、测评要求，三个标准一体化推进。基本要求是基础，设计要求是到达它的一条途径，测评要求则可以确认安全建设的结果。

总而言之，智慧城市信息系统的安全建设，等级保护依然是遵循的重要政策和标准。

（二）信息系统安全管理制度

第一，物联感知层设备安全管理制度。物联感知层设备安全是信息系统安全的基础。在信息安全管理体系建设中，结合风险评估结果，对建设和运维中设备安全实施管理，其主要目标是防止信息的泄露、损坏和被盗，使设备避免受物理和环境的威胁。结合整体性安全管理需求，对设备类型和型号进行调研，从防范物理威胁和人为威胁出发，实现安全控制。

第二，网络通信层安全管理制度。根据智慧城市信息系统的安全需求，结合智慧城市信息系统网络系统的体系架构、协议、传输数据信息特征，设计网络访问控制策略、网络连接和路由策略；针对病毒、木马、后门等恶意代码，设计恶意代码预防和控制策略；设计移动互联设备接入管理策略；设计通信加密和通信安全管理策略；设计网络安全隔离策略。根据以上策略制定对应的操作和管理制度，保护网络通信层中的信息和基础设施，防止对网络服务非授权的访问。

第三，数据与服务支撑层安全管理制度。调研智慧城市信息系统的生产业务数据类型及其重要性，制定数据定级策略对业务数据进行分级，针对不同级别的业务数据，设计关于机密性、完整性和可用性方面的安全措施，设计数据生成，数据使用、传输和备份恢复的安全策略，形成数据安全管理制度文档。

第四，智慧应用层安全管理制度。调研智慧城市各应用系统的具体情况，梳理整体性安全需求，对智慧城市各业务系统、核心业务系统进行分类，结合风险识别结果和其操作流程，制定身份鉴别策略、访问控制策略和监督管理策略，形成业务安全管理制度。同一子系统如果兼具多类特征，则对应多个业务安全管理制度。

（三）安全培训与意识培养

安全培训作为一种知识传递和经验分享的手段，能有效提升相关人员的安全意识和技能，也是各种安全防护措施得以实施的保障。针对智慧城市信息系统的相关管理人员和业务操作人员，应定期开展安全培训，提高全员的安全意识，培训内容可以包括政策法规、安全制度、安全意识、安全管理、安全技能等。安全培训工作需要分层次、分阶段、循序渐进地进行。分层次培训是指对不同层次的人员，如对管理人员、技术人员以及普通业务人员开展有针对性和不同侧重点的培训。分阶段是指在智慧城市项目建立、实施和运行的不同阶段，培训工作要有计划地分步实施。

针对管理人员培训，主要包括智慧城市领导小组和管理小组人员和业务专家等，主要目的是使他们了解国家相关部门对信息安全管理和建设的相关政策和标准，同时建立起一套具有针对性和使用性的安全管理办法。培训主要以信息安全政策法规标准解读和信息安全管理实践等，包括等级保护政策和标准、建立 ISMS（信息安全管理体系）的基本方法和过程、风险管理等。

针对技术人员，主要包括安全维护人员、系统管理人员、软件开发人员等，主要目的是使他们了解智慧城市信息系统面临的安全威胁和挑战，以及如何进行全面有效的安全防护，培训以各种相关专业安全技术为主，例如密码技术、访问控制、审计监控等安全技术机制，网络、操作系统、数据库和应用软件等方面的基本安全原理和实践，信息安全攻防和软件安全开发相关的技术知识和实践等。协助信息安全管理人员进行系统的安全建设和维护保障。

针对普通业务人员，要加强信息安全知识的普及教育，进行相关信息安全意识的培训，强化其安全保密意识，并对本单位的信息安全制度进行宣传，培养员工的安全责任感，例如信息安全概念、日常安全行为准则、密码使用规范、保密条例等内容。单位的整体安全水平不仅要看专职的安全管理与技术人员的能力，还要看全体员工的安全意识是否到位，这与持续的安全意识教育与培训是密不可分的。

（四）信息安全风险评估

信息安全风险评估是信息安全管理体系中一种重要的评价方法和决策机制，在信息安全保障体系建设中具有不可替代的地位和重要作用。信息安全风险评估是信息安全保障的基础性工作，它既是明确安全需求、确定安全保障的科学方法和手段，又是信息安全建设和管理的重要保障，实施信息安全风险评估也是我国提高信息安全保障水平的一项重要举措。

针对智慧城市重要的业务信息系统，需要定期开展风险评估工作。开展风险评估工作，就是从风险管理的角度，运用科学的方法和手段，系统地分析智慧城市基础网络和重要信息系统所面临的威胁及其存在的脆弱性，评估安全事件发生的概率以及安全事件一旦发生可能造成的损失，根据评估结果，提出有针对性的抵御威胁的防护对策和整改措施，并为防范和化解信息安全风险、将风险控制在可接受的水平、最大限度地保障网络和信息安全提供依据。所有针对智慧城市信息安全的建设和管理都应该是基于信息安全风险评估的结果，根据风险评估结果结合实际需求情况，制定安全防护策略，采取合适的安全技术或管理措施，以最小的代价最大限度地保障安全。

在确定评估范围阶段，应根据本次风险评估制定的目标，确定风险评估的范围，包括相关的信息资产、管理机构、业务流程等，通过业务调查确定评估的具体对象，并形成相关的记录文档。在资产识别阶段，对需要保护的资产进行识别和分类，依据资产在保密性、完整性和可用性上的安全需求进行赋值，确定每项资产的重要性等级，并确认已有的安全防护策略和措施，形成《安全现状分析报告》。在脆弱性评估阶段，针对每一项需要保护的资产，识别其可能被威胁利用的弱点，并对脆弱性的严重程度进行评估，可通过工具扫描、人工审计、渗透测试识别技术上的脆弱性，通过安全制度审计识别管理上的脆弱性，通过对已有安全策略的评估验证识别策略上的脆弱性，并形成相关的脆弱性报告。在威胁识别阶段，针对保护资产的脆弱性，分析可能存在的威胁因素，并判断威胁出现的频率，形成《威胁分析报告》。在风险分析阶段，结合对相关资产、脆弱性、威胁的识别和评估后，采用合适的风险分析方法和工具，来分析威胁利用脆弱性导致安全事件发生的可能性，以及安全事件发生后对组织造成的损失，来综合评价风险状况，形成初步的《风险分析报告》。在风险管理阶段，根据风险评估的结果，有针对性地提出合适的安全控制措施，确定相关的风险控制策略，最终形成《风险评估与管理报告》提供给管理者，给管理者防范和化解信息安全风险提供真实的依据。

五、智慧城市运维保障体系构建

智慧城市的运维保障体系，是一个高度复杂化、异构化、体系化的复合系统，在其组成上可将 IT 运维保障服务过程分为服务提供流程与服务支持流程两个类型，将智慧城市 IT 服务提供流程视作战术层面，将服务支持流程视作执行层面，共同为智慧城市运维保障战略提供必要流程与功能支撑。

智慧城市 IT 运维服务提供流程包括服务级别管理、IT 服务财务管理、IT 服务持续性管理、IT 可用性管理和 IT 服务能力管理。

（一）服务级别管理

服务级别管理通过对 IT 服务绩效的协商、监控、评价和报告等一整套相对固定的运营流程来维持和改进 IT 服务的质量，使之既符合业务需求同时又满足成本约束的要求；通过采取适当的行动来消除或改进不符合级别要求的 IT 服务。在智慧城市 IT 运维保障体系中，涉及多个不同的 IT 运维服务提供商，而不同的 IT 运维服务提供商又对自身的下级 IT 运维服务提供商提出他们的服务级别（SL）。因此，在智慧城市 IT 运维保障体系中，难点在于建立一套具有层次性的服务级别标准体系，以该标准作为衡量基准进行分级、分层的服务级别管理，对不同类型、不同性质、不同服务需求的不同智慧城市应用系统，提供相应的服务级别。

（二）IT 服务财务管理

IT 服务财务管理流程主要用来全面核算智慧城市 IT 服务运营成本，并按照向各智慧城市子系统拥有者、公共系统用户提供的服务项目进行分摊，同时为智慧城市管理层提供 IT 运维保障所必需的投资决策所需的详细资料；还用来对支持智慧城市 IT 服务运营的基础设施、IT 资产和资源、智慧城市运行过程中产生的各类大数据产物等进行成本效益管理。

智慧城市 IT 服务财务管理的主要工作包括：预算、会计、收费和报表。但在工作实践中应考虑到该项工作中所涉及的机构、企业与个人数量极为庞大，智慧城市管理机构应集中力量对智慧城市运行与安全关键设施、智慧城市运行过程中各类数据资产的财务管理进行重点关注，各分支智慧城市子系统的 IT 服务财务管理工作交由其所有或管理方自行负责，智慧城市管理机构只需对其服务级别管理（SLM）效果进行考核即可。

（三）IT 服务持续性管理

智慧城市 IT 服务持续性管理，是指确保智慧城市系统发生大型灾难后，有足够的技术、财务和管理资源来确保智慧城市 IT 服务持续性的流程。该项流程包括：对智慧城市发生各类大型灾难后灾难恢复设施的需求分析、灾难恢复计划的制订、计划的更新、演练的执行，以及必要时进行实际灾难恢复的流程等方面。智慧城市 IT 服务持续性管理，主要通过确保智慧城市整体正常服务运营所需的 IT 技术和服务设施，能在要求和约定的时间期限内得到恢复，为总体的智慧城市业务持续性管理提供支持。

（四）IT 可用性管理

智慧城市 IT 可用性管理是在正确使用智慧城市基础设施与数据资源、方法及技术的前提下，保障智慧城市运转必需 IT 服务的可用性。智慧城市的正常运转，高度依赖 IT 系统，一旦 IT 系统发生可用性问题，则整个智慧城市将面临不同程度的灾难，因此智慧城市安全运维管理中必须尽可能避免或减小预期外宕机、服务能力不足的时间。智慧城市可用性管理，在深入探讨智慧城市庞大而近乎无限的计算资源的动态调配效率时，是为维持智慧城市的最佳营运状态所必要的。该流程确保智慧城市 IT 服务的设计符合整体业务所需的可用性级别；而对各分支智慧城市业务子系统实际的可用性、可靠性以及可维护性进行测试和监控，则应交由各子系统拥有者或管理者自行保障，并强制其提交相应的报告，以确保有关协议目标的实现；该流程还能优化智慧城市 IT 基础设施的可用性并为改进服务绩效提供建议；也能确保减少某段时间内事故对 IT 可用性影响的频度和持续时间。

（五）IT 服务能力管理

智慧城市 IT 服务能力管理的目的，主要是调整智慧城市整体营运的实际需求和智慧城市基础设施所能提供的 IT 资源的平衡。

换言之，智慧城市 IT 服务能力管理，是要确保智慧城市管理机构能在合适的时间与合适的地点，以合适的成本提供合适的资源用于顺利完成智慧城市业务应用系统的运行支撑。这个流程用来分析智慧城市当前业务需求，预测将来的业务需求，并确保这些需求在制订智慧城市能力计划时得到充分的考虑；确保当前的智慧城市 IT 资源发挥最大的效能，提供最佳的服务绩效；确保智慧城市管理机构的 IT 投资按计划进行，避免不必要的资源浪费。

第二节　智慧城市与区块链技术集成创新的深度融合

一、区块链技术集成

区块链是一种分布式数据库技术，通过维护数据块的链式结构，可以维持持续增长的、不可篡改的数据记录。区块链技术最早的应用出现在比特币项目中。作为比特币背后的分布式记账平台，在无集中式管理的情况下，比特币网络稳定运行了多年时间，支持了海量的交易记录，并且从未出现严重的漏洞，这些都与区块链技术结构分不开。

从广义上来理解，区块链技术是利用块链式数据结构来验证与存储数据，利用分布式节点共识算法来生成和更新数据，利用密码学的方式保证数据传输和访问的安全，利用由自动化脚本代码组成的智能合约来编程和操作数据的一种全新的分布式基础架构与计算范式。

从狭义上来理解，区块链是一种按照时间顺序将数据区块以顺序相连的方式组合成的一种链式的数据结构，并以密码学方式保证的不可篡改和不可伪造的分布式账本。

（一）区块链技术的主要功能

区块链技术的传统应用包括以下三个基本功能。

第一，交易。一次对账本的操作，导致账本状态的一次改变，如添加一条转账记录。

第二，区块。记录一段时间内发生的所有交易和状态结果，是对当前账本状态的一次共识。

第三，链。由区块按照发生顺序串联而成，是整个账本状态变化的日志记录。如果把区块链作为一个状态，则每次交易就是试图改变一次状态，而每次共识生成的区块，就是参与者对区块中交易导致状态改变的结果进行确认。

区块链技术要点包括分布式数据存储、点对点传输（P2P）、共识机制、加密算法等计算机技术的新型应用模式。区块链本质上是一个去中心化的数据库系统。区块链传统的应用是作为比特币的底层技术，是一串使用密码学方法相关联产生的数据块，每一个数据块中都包含了一批次比特币网络交易的信息，用于验证其信息的有效性（防伪）和生成下一个区块。

（二）区块链的核心技术分析

区块链的核心技术优势就是去中心化、分布式数据存储、点对点网络互联与访问加密算法和数据加密、分布式共识等技术应用。区块链技术应用也存在安全风险，频频发生的安全事件为业界敲响警钟。目前区块链技术主要应用于金融领域和比特币，且应用场景单一，有一定的局限性；同时区块链应用系统与第三方系统的集成和技术融合也存在一定的壁垒。因此要推动区块链底层技术服务和新型智慧城市建设相结合，探索区块链与新型智慧城市、物联网、云计算、大数据和人工智能的集成创新和深度融合应用。实现区块链技术在政务、治理、民生、经济的全领域、全社会、全行业可持续深度融合应用的战略思维。区块链归纳起来主要有以下核心技术应用。

第一，点对点分布式技术（P2P）。点对点分布式技术又称对等互联网络技术，它依赖网络中参与者的计算能力和带宽，而不是把依赖都聚集在较少的几台服务器上。P2P技术优势很明显。点对点网络分布特性通过在多节点上复制数据，也增加了防故障的可靠性，并且在纯P2P网络中，节点不需要依靠一个中心索引服务器来发现数据。在后一种情况下，系统也不会出现单点崩溃。

第二，非对称加密技术（加密算法）。非对称加密（公钥加密）在加密和解密两个过程中使用了不同的密钥。在这种加密技术中，每位用户都拥有一对钥匙：公钥和私钥。在加密过程中使用公钥，在解密过程中使用私钥。公钥是可以向全网公开的，而私钥需要用户自己保存，这样就解决了对称加密中密钥需要分享所带来的安全隐患。非对称加密与对称加密相比，其安全性更好。对称加密的通信双方使用相同的密钥，如果一方的密钥遭泄露，那么整个通信就会被破解；而非对称加密使用一对密钥，一个用来加密，一个用来解密，而且公钥是公开的，私钥是自己保存的，不需要像对称加密那样在通信之前先同步密钥。

第三，哈希算法（信息与数据转换）。哈希算法又叫散列算法，是将任意长度的二进制值映射为较短的固定长度的二进制值，这个小的二进制值称为哈希值。它的原理其实很简单，就是把一段交易信息转换成一个固定长度的字符串。

第四，共识机制（中间件封装技术）。由于加密货币多数采用去中心化的区块链设计，节点是各处分散且平行的，所以必须设计一套制度来维护系统的运作顺序与公平性，统一区块链的版本，并奖励提供资源维护区块链的使用者，以及惩罚恶意的危害者。这样的制度，必须依赖某种方式来证明是由谁取得了一个区块链的打包权（或称记账权），并且可以获取打包这一个区块的奖励；又或者是谁意图进行危害，就会获得一定的惩罚，这就是共识机制。

（三）区块链与信息栅格技术集成

区块链的技术核心是分布式架构、点对点通信、去中心化。区块链技术集成创新的实施路径，就是加快区块链和人工智能、大数据、物联网等前沿信息技术集成创新的深度融合应用，将区块链底层技术服务和新型智慧城市建设相结合，落实在智慧城市各个行业级领域，如信息基础设施、智慧交通、能源电力等的推广应用，提升城市管理的智能化、精准化水平。区块链技术集成创新发展和深度融合应用的趋势必然是新一代信息技术战略性发展的方向。

"信息栅格"技术是第三代互联网的核心技术，它具有完整的理论体系、知识体系、技术体系和应用体系。由于互联网科技的高速发展，人们面临的是一个信息烦琐的时代，各种信息呈指数快速增长，而现时的互联网上的信息服务器只能分别独立地面对用户，相互不能进行信息交流和融合，就好像孤立的小岛。信息的特点与物质和能量不同，信息不会因为使用量和用户的增加而被消耗，因此如果将信息当成物质和能量一样使用，把信息局限在孤岛范围里，就会造成极大的浪费。"信息栅格"是20世纪90年代中期发展起来的下一代互联网科技。"信息栅格"技术的核心就是对现有互联网进行分布式节点化的应用和管理，消除"信息孤岛"。"信息栅格"将分散在不同地理位置上的资源虚拟为一个空前的、强大的、复杂的、巨大的"单一系统"，以实现网络、计算、存储、数据、信息、平台、软件、知识和专家等资源的互联互通和全面共享，从而提高资源的利用率，使用户获得前所未有的互联网应用能力。

"信息栅格"已成为人类社会至今为止最强的互联网应用"工具"，它支持各种信息平台、数据库系统、应用功能、应用软件和程序系统综合集成为"单一"平台和技术设施，包括支持信息系统综合集成的网络平台、数据平台、信息平台、安全防护平台、共性基础设施、基础共性软件等。"信息栅格"是在信息技术和互联网技术迅速发展的背景下，基于网络化技术推进国家信息化、国防信息化、城市信息化建设的新概念、新模式、新科技和新举措。

"信息栅格"技术框架是将资源与节点分离，也就是实现了分布式节点与底层技术服务的逻辑分离，以满足"信息栅格"全网全域内任意资源快捷与便捷地调用、映射、交换、集成、共享。传统的分布式技术框架是将资源与节点在逻辑上绑定在一起，从而增加了分布式点对点资源访问和调用的难度。

"信息栅格"是一种信息基础设施，它包含所有与信息和数据相关的网络及通信设施、计算机设备、感知传感器、数据存储器和各种信息平台及数据库系统。"信息栅格"技术应用的特征主要体现在网络自动融合、分布式、按需获取信息、实现机器之间的互操作等方面。"信息栅格"一体化综合资源集成 SOA 开放的体系架构是其技术应用的核心。"信息栅格"开放的体系架构将分布于互联网，物联网上"信息栅格"的各个信息节点集成为一个统一的互联、互通、共享、协同的复杂巨系统。

"信息栅格"与"区块链"在分布式节点、去中心化、分布式数据库、共识机制、加密算法等技术特征上具有同一性和一致性。从技术的角度来看，"信息栅格"和"区块链"就像一对"孪生兄弟"。"信息栅格"更强调系统集成、资源共享、业务协同、按需获取信息，"区块链"则注重在金融行业的应用、分布式数据库（分布式记账）、数据安全、加密算法等。如果从技术应用的角度来看，"信息栅格"和"区块链"就是一个家族，"父子情深"。区块链与信息栅格技术集成创新具有广阔的发展前景。

区块链与信息栅格集成的优势主要如下：

1. 增强区块链系统集成能力

区块链与信息栅格技术集成创新系统的优势主要是：应用"信息栅格"在互联网和物联网各种链路的互联互通的机制，实现区块链各个分布式节点之间（P2P）的互联互通，为区块链的系统集成应用和协同工作提供通路与带宽的保证。同时通过制定基于"信息栅格"各节点之间的信息交互标准规范，确保点对点（P2P，或称端到端）之间以相互能够理解的方式交互信息。网络的互联及信息互通的规范是信息互操作的基础。"信息栅格"为"区块链"提供了统一的开放式平台、接口标准以及交互流程，实现了不同节点应用系统之间的信息互联互通，使区块链各分布式节点之间可以自动完成系统集成的互操作，同时保证了整个"区块链"各个节点内部信息的一致性、整体性、完整性和安全性。

2. 增强区块链节点资源共享能力

区块链与信息栅格集成创新节点资源共享的优势主要包括多传感器数据融合，异构数据库、分布式数据库（包括结构化数据库、非结构化数据库和多媒体数据库）的数据共享交换以及应用程序的共享共用三个方面。多传感器数据融合包括两个层次：一个是指"区块链"节点内的传感器之间的实时集成；另一个是指不同"区块链"节点传感器之间的实时集成，在同一个"信息栅格"开放式平台下的传感器数据集成可以通过 API（应用程序接口）定义来实现。各节点"异构数据库共享交换"根据数据库多源性、异构性、空间分布性、时间动态性和数据量巨大的特点，提供数据存储标准、元数据标准、数据集（数据封装）的交换标准，数据存储与管理、远程数据传输的策略。"应用程序共享共用"根据信息平台和应用系统具有共性需求的封装组件及中间件、平台支撑模块、平台接口模块、应用数据挖掘分析和协同操作等软件程序，在"区块链格"中共享已开发、已拥有和已运行的共性软件程序，使"区块链"中其他节点信息平台和应用系统都可以通过远程共享共同使用或下载安装这些软件程序。

3. 增强区块链分布式资源处理能力

区块链与信息栅格集成创新分布式资源处理的优势主要体现在有效的资源注册、资源发现、节点资源组织与协同；处理各种应用请求，为执行远程应用和各种活动提供有力的区块链底层技术服务支持。"面向服务"是区块链底层技术服务集成创新的关键，它把一切分布式节点资源（数据、信息页面、应用）均表达为节点服务，这些节点服务通过协同实现分布式节点自治、自处理、自适应、自学习，最终发布到统一的"区块链云平台"开放式、分布式节点集成服务平台上。服务请求者通过访问服务、接口服务、业务流程服务、资源管理服务等与一体化分布式节点集成服务平台实现交互。一个分布式节点资源服务可以包含一个或多个接口，每个接口上定义一系列因消息程序或封装组件的调用、映射、交换、共享而产生的操作，不仅包括接口地址发现、动态服务创建、乌命周期管理、消息通知、可管理性、规则地址命名、可升级性，还包括地址授权和并发控制。为了实现节点资源服务提供者与服务请求者之间的交互。"区块链云平台"开放式资源服务平台还提供安全防护、服务质量等功能。

4. 实现区块链自适应信息传输能力

区块链与信息栅格集成创新自适应信息处理的优势是采取了"信息栅格"的传输机制，使"区块链"具备信息传输的自适应性。在"信息栅格"环境中，不再需要把数据全部下载到本地节点才能使用，而是针对不同用户应用的需要，采用相应的传输策略。常用的传输包括并行传输、容错传输、第三方控制传输、分布传输和汇集传输。这些传输策略可以保证在互联网或物联网环境中可靠地传输数据以及实现大量数据的高速移动、分块传输和复制、可重启、断点续传等。栅格文件传输协议（GridFTP）是保证信息节点中不同传输方式的兼容性，提供安全、高效的数据传输功能的通用数据传输协议，该协议通过对 FTP 协议的栅格化扩展，侧重于在异构的存储系统上提供统一的访问接口，以及解决大量数据传输的性能和可靠性问题。

5. 实现区块链即插即用按需服务能力

区块链与信息栅格集成创新即插即用按需服务的优势，主要体现在能集成所有的信息系统（如新型智慧城市级一级平台、行业级二级平台和业务级三级平台）以及各种各类应用系统（如监测监控系统、决策指挥系统、可视化系统、数据分析系统等），而每个独立的信息节点又包括很多应用系统（或子系统），使"区块链"通过信息节点和应用系统的共性策略以及统一的技术服务接口，将底层的各种应用程序资源进行封装。"区块链"用户对各种底层技术服务的使用是完全透明的，对资源的访问、数据的存储、作业的提交就像使用本地节点资源接入一样方便、快捷、高效。因此只要符合"区块链"底层技术服务的标准和权限，任何区块链用户都可以方便地接入各个节点和应用系统，按需提取信息与服务。

6. 实现区块链去中心化信息集成能力

区块链与信息栅格集成创新去中心化信息集成的优势是改变了以往树形、集中式、分发式的信息共享方式，取而代之的是网状、分布式、按需索取式的信息共享模式。"信息栅格"为满足去中心化信息集成应用，采用信息节点和资源分离的分布式技术，改变了传统分布式技术将节点和资源绑定在一起的做法。其通过各个节点的信息、数据、页面（URL）、服务的封装组件（中间件），实现了信息栅格全域内的需求调用、映射、交换、集成、共享。区块链与信息栅格技术集成创新，不再强调集中式的信息中心，取而代之的是无中心或多中心和分布在各个信息节点中具有不同应用的信息系统。这些信息节点或信息系统的访问接口是统一的，所提供的统一封装的信息、数据、页面、服务等组件和中间件也都是经过严格规范的。一方面，传感器、过程数据、应用信息可以把不同种类的信息汇集到各自的信息节点中；另一方面，任何一个信息节点上的用户都可以按照需求点对点地自动访问不同信息节点的底层技术服务，包括信息、数据、页面、应用等，并将各个节点来源的底层技术服务自动集成为针对某一目标和任务的虚拟化应用与服务。除了按需获取信息以外，还可以按需预定信息。"区块链"所采用的去中心化信息集成的共享机制，克服了传统集中式信息共享机制的弱点。

7. 提高区块链综合安全防护能力

区块链与信息栅格集成创新综合安全防护的优势是其区别于一般传统安全防护的模式，在区块链无中心或多中心以网络为中心的条件下，具有顽强抗毁的能力，信息和网络安全渗透于"区块链"的各个信息节点、平台、应用系统和各组成部分，信息流程的各个环节。信息获取与感知、传输与分发、分析与处理、开发与利用都存在着激烈的对抗，这些激烈的对抗始终都是围绕"区块链"信息节点的安全防护系统展开的。因此，安全防护能力既提高信息节点及应用系统的运行效率、精度和反应能力，同时又面临着电子干扰与破坏的威胁。安全防护能力一旦遭到破坏，整个"区块链"系统将失去原有的功能甚至完全瘫痪。为此区块链与信息栅格综合安全防护技术的集成创新，必然会增强区块链安全防护能力；能采用有效措施，使之具备良好的抗毁性、抗干扰性和保密性能。

二、新型智慧城市与区块链深度融合的应用

区块链技术的集成创新在新的技术革新和产业变革中起着重要作用。把区块链作为核心技术自主创新的重要突破口，明确主攻方向，加大投入力度，着力攻克一批关键核心技术，积极推动区块链技术和产业创新发展。区块链技术应用已延伸到数字金融、物联网、智能制造、供应链管理、数字资产交易等多个领域。目前，全球主要国家都在加快布局区块链技术发展。我国在区块链领域拥有良好基础，要加快推动区块链技术和产业创新发展，积极推进区块链和经济社会融合发展。

（一）新型智慧城市与区块链深度融合的意义

第一，区块链技术集成创新和深度融合应用能充分发挥区块链在智慧城市数据共享、优化业务流程、降低运营成本、提升协同效率、建设可信体系等方面的作用。在智慧城市社会治理和公共服务中，区块链有广泛的应用空间，将有力推动社会治理数字化、智能化、精细化、法治化水平。随着大数据、云计算、5G技术的广泛应用，人与人的联系拓展到人与物、物与物的万物互联，数据已成为数字时代的基础要素。区块链将为智慧城市多个领域的管理者和服务者提供可靠数据和决策信息。

第二，区块链能提升智慧城市社会治理智能化水平。区块链中的共识机制、智能合约，能打造透明可信任、高效低成本的应用场景，构建实时互联、数据共享、联动协同的智能化机制，从而优化政务服务、城市管理、应急保障的流程，提升治理效能。依托区块链分布式架构建立跨地区、跨层级、跨部门的监管机制，有助于降低监管成本，打通不同行业、地域监管机构之间的信息壁垒。

第三，区块链能助推智慧城市社会治理精细化。数字时代，社会治理须透过海量数据发现真问题，区块链能有效集成经济、文化、社会、生态等方面的基础信息，并通过大数据进行深度挖掘和交互分析，将看似无关联的事件有序关联起来，从而提升实时监测、动态分析、精准预警、精准处置的能力。深度分析单位时间物资、资本的集中流向，可以对

经济社会发展的热点领域提前预判，为推进供给侧结构性改革、防范化解重大风险等提供决策参考。

第四，区块链能推动智慧城市社会治理法治化。在司法、执法等领域，区块链技术与实际工作具有深度融合的广阔空间。运用区块链电子存证，可解决电子数据"取证难、示证难、认证难、存证难"等问题。将区块链技术与执行工作深度融合，把区块链智能合约嵌入裁判文书，后台即可自动生成未履行报告、执行申请书、提取当事人信息、自动执行立案、生成执行通知书等，完成执行立案程序并导入执行系统，有助于破解执行难。区块链还有助于更好厘清开放共享的边界，明确数据产生、使用、流转、存储等环节和主体的权利义务，实现数据开放，隐私保护和数据安全之间的平衡，进而促进科技与社会治理的深度融合。

（二）新型智慧城市与区块链深度融合的特点

新型智慧城市区块链云平台总体技术结构和新型智慧城市区块链底层技术服务结构，以满足新型智慧城市框架体系结构矩阵型多平台多数据库和多重应用的去中心化和开放性复杂巨系统框架体系结构的要求。新型智慧城市系统集成具有以下三个特点。

1. 采用分布式节点结构模式

新型智慧城市区块链系统集成架构，采用分布式节点集成的模式，从满足整体需求出发，根据系统建设的设计原则和技术路线，采用区块链面向应用、面向服务、面向数据、面向系统集成的分布式节点体系架构设计方法做指导，重点是各个信息节点通用组件、业务组件、安全组件、中间件组件和分布式节点接入层的数据、信息、页面、服务"四大"封装的创新设计。

2. 统一框架分布式结构易于扩展和部署

新型智慧城市区块链系统集成架构采用分布式和统一规范的通用组件，业务组件、安全组件、中间件组件的系统化、结构化、标准化，简化了应用服务的结构，避免了因为存在异构的信息节点底层技术服务所可能引起不易集成的困难。采用统一的组件封装结构，封装底层的数据、信息、页面应用，使将来易于增加新的节点和应用。采用统一开发的容器封装技术的标准化结构模型和组件引擎及调用接口（API），易于区块链各个信息节点通过标准组件引擎和接口调用底层技术服务的数据、信息、页面和应用，降低重复开发成本，保证新节点增加和应用的兼容性与集成性。

3. 分布式数据易于利用

新型智慧城市区块链系统集成架构基于新型智慧城市一级区块链云平台及大数据库、

业务级二级平台及主题数据库（信息节点）的分布式数据库的模式，为相关决策提供一体化、分布式的信息与数据的支撑，满足新型智慧城市全面社会管理和公共服务信息互联互通、数据共享交换、业务协同联动的需求。

（三）新型智慧城市与区块链深度融合的推动

新型智慧城市区块链深度融合应用采用面向资源管理的区块链技术、"信息栅格"技术和云计算 3S（IaaS、SaaS、PaaS）服务的总体架构，使用广泛接受的标准和松耦合设计模式。新型智慧城市区块链云平台基于区块链的技术和"信息栅格"架构，以区块链和人工智能、大数据、物联网等前沿信息技术的深度融合为技术总路线，推动集成创新和融合应用。

探索"区块链+"在民生领域的运用，积极推动区块链技术在教育、就业、养老、精准脱贫、医疗健康、商品防伪、食品安全、公益、社会救助等领域的应用，为人民群众提供更加智能、更加便捷、更加优质的公共服务。

推动区块链底层技术服务和新型智慧城市建设相结合，探索在信息基础设施、智慧交通、能源电力等领域的推广应用，提升城市管理的智能化、精准化水平。

探索利用区块链数据共享模式，实现政务数据跨部门、跨区域共同维护和利用，促进业务协同办理，深化"最多跑一次"改革，为人民群众带来更好的政务服务体验。

采用云计算、大数据、互联网、物联网、边缘计算、人工智能技术集成应用，整合来自智慧城市各行业级平台的信息资源，并对将来与新建第三方系统平台、应用和信息资源节点进行系统集成提供手段，构建易于节点扩展和可伸缩的弹性系统。

（四）新型智慧城市与区块链深度融合的架构

新型智慧城市区块链总体架构由区块链分布式节点设施层、区块链底层技术服务层、区块链云平台层和新型智慧城市虚拟化应用层构成。

第一，区块链分布式节点设施层。智慧城市区块链总体架构分布式节点设施层分别由网络融合与安全物理平台和区块链分布式节点物理平台构成。网络融合与安全物理平台是由互联网络、5G 无线网、物联网络、电子政务外网的软硬件组成，提供区块链各分布式节点之间，以及各分布式节点与区块链云平台之间的通信和带宽的网络基础设施。区块链分布式节点物理平台由节点内部的网络、数据、信息、安全的软硬件设施设备组成，提供各分布式节点内部的底层技术服务。

第二，区块链底层技术服务层。智慧城市区块链总体架构底层技术服务层由分布式节点资源平台和分布式节点接入平台构成。分布式节点资源平台由分布式数据库系统、分布式业务应用系统、分布式密钥系统和分布式共识系统组成，提供分布式节点各自的数据、信息、安全、服务等资源。分布式节点接入平台由节点数据封装、节点信息封装、节点页面封装和节点服务封装组成，其对分布式节点资源进行分类组装，并进一步采用容器技术对数据类、信息类、页面类、服务类进行组态（俗称"打包"），形成区块链底层技术服务的组件（或称"构件"），包括：业务组件、通用组件、安全组件和中间件组件，为区块链云平台上层功能需求时提供调用、映射、交换、集成、共享等底层技术服务。

第三，区块链云平台层。智慧城市区块链总体架构云平台层根据新型智慧城市应用需求结合区块链底层技术服务，提供区块链各分布式节点之间的信息互通、数据共享、业务协同、服务调用等底层服务功能；同时集成创新构建新型智慧城市虚拟网络中心、虚拟数据中心、虚拟运营管理中心和信息共享集成平台，实现对区块链各分布式节点进行有效管理和集成应用。通过区块链云平台可实现与新型智慧城市政务服务、城市治理、社会民生、企业经济等领域第三方已建、在建和未建的行业级业务平台及应用系统的集成和深度融合应用，以及区块链和人工智能、大数据、物联网等前沿信息技术的深度融合；通过集成创新和融合应用，更加注重在社会民生涉及医疗健康、养老、教育、就业、食品药品安全、社会救助等领域的广泛应用，提供更加智能、更加便捷、更加优质的公共服务。

第四，新型智慧城市虚拟化应用层。智慧城市区块链总体架构虚拟化应用层通过区块链底层技术服务和新型智慧城市的结合，以及区块链云平台的服务支撑，将智慧城市分散在不同地理位置上的分布式节点资源虚拟为一个空前强大、复杂巨大的"单一系统"，以实现新型智慧城市网络、计算、存储、数据、信息、平台、软件、知识和专家等资源的互联互通和全面的共享融合应用，提供新型智慧城市公共服务App、政务服务网站、可视化集成展现、大数据分析展现、决策与预测信息、城市治理综合态势场景、应急指挥调度救援、人工智能深度学习等功能集成应用；为人民群众提供更加智能、更加便捷、更加优质的公共服务；为城市综合治理提供智能化、精准化的超能力；为政务服务提供协同办理，"最多跑一次"，给群众带来更好的政务服务体验。

1. 新型智慧城市与区块链云平台技术结构

新型智慧城市区块链云平台总体架构技术路线，基于新型智慧城市总体框架所表述的知识与建设体系、标准体系、平台与数据结构、信息平台、数据库、应用系统的组成，以及各组成软硬件部分之间的物理与逻辑关系。区块链总体技术结构对新型智慧城市顶层规划具有指导性、规范性、统一性和约束性的作用。

新型智慧城市区块链云平台总体技术结构的理念、思路与策略，以"区块链"和"信息栅格"技术为支撑，以新型智慧城市网络融合与安全中心大数据资源中心、运营管理中心和一、二级平台（"三中心一平台"）区块链信息基础设施为总体框架，以智慧城市现代化科学的综合管理和便捷与有效的民生服务为目标，大力促进政府信息化、城市信息化、社会信息化、企业信息化，建立起智慧城市基础数据管理与存储中心和各级信息平台（信息节点）及各级数据库（分布式数据库）的新型智慧城市顶层规划模式。结合智慧城市规划、交通、道路、地下管网、环境、绿化、经济、人口、街道、社区、企业、金融、旅游、商业等各种信息与数据形成一体化的、统一的（物理的）、虚拟化的（逻辑的）、去中心化的（P2P）云计算与云数据体系。

新型智慧城市区块链云平台总体技术结构采用了分布式节点（P2P）结构模式，从新型智慧城市整体的智慧政务、智慧民生、智慧治理、智慧经济、智慧网络安全五大领域的需求出发，确定新型智慧城市区块链的总体架构和总体技术结构，以及各信息节点（P2P）采用面向对象、面向服务、面向应用和统一底层技术服务的组件式结构。

（1）新型智慧城市区块链云平台统一技术结构。

统一区块链 SOA 资源集成架构和新型智慧城市区块链云平台总体技术结构，易于扩展和部署。

统一区块链各个信息节点的数据、信息、页面、服务封装、实现跨平台、跨系统、跨业务的系统集成。

统一可视化数据、信息、页面、服务的调用、交换、管理、共享、分析和展现。

统一新型智慧城市区块链云平台、身份认证、服务 App 和应用门户。

统一新型智慧城市区块链各分布式节点的数据、信息、处置、预案、指挥、调度、救援等的业务应用。

统一采用区块链系统化、结构化、标准化、平台化、组件化的技术应用。

（2）新型智慧城市区块链云平台统一技术路线特点。为了实现新型智慧城市区块链大数据整合，消除"信息孤岛"，避免重复建设，在新型智慧城市区块链云平台上，分别建立城市级平台、业务级平台和应用级系统，实现新型智慧城市区块链各分布式节点的网络融合、信息互联、数据共享和业务协同。

新型智慧城市区块链云平台基本设置应包括：门户网站、数据库系统、网络中心、基础网络、服务器组、应用软件、网络安全、系统与数据通信协议接口等。

新型智慧城市区块链云平台 Web 技术体系采用开放的 TCP/IP 网络通信协议，标准规范的信息与数据的接口和通信协议，实现各级平台与第三方三级应用系统之间的互联互通和数据共享交换，以及基于云计算的浏览器/服务器（B/S）和边缘计算客户机/服务器（C/S）相结合的计算机系统结构模式。

用户通过统一的浏览器方式访问新型智慧城市区块链云平台各级信息平台（信息节

点），实现对新型智慧城市区块链云平台及业务级平台（信息节点）的信息、图片、视音频进行显示、操作、查询、下载和打印。

新型智慧城市区块链云平台二级平台（信息节点）功能，实现对业务级平台信息及数据的汇集、存储、交互、优化、发布、浏览、显示、操作、查询、下载、打印等功能，重点实现基础设施监控与管理、综合管网监控与管理，以及社区社会民生综合服务等。新型智慧城市区块链云平台是实现新型智慧城市综合管理和公共服务等应用系统间（P2P）的信息互联互通、数据共享交换、服务应用功能协同的技术支撑。

新型智慧城市区块链云平台大数据库系统分别由城市级大数据库、业务级主题数据库和应用级数据库构成，采用云存储方式，实现各级数据库系统之间的数据交换、数据共享、数据业务支撑、数据分析与展现、统一身份认证等。各业务级主题数据库在物理上相互独立，在逻辑上则形成一体化的共享大数据库系统。

（3）新型智慧城市区块链云平台业务支撑系统。新型智慧城市区块链云平台是城市级平台与各业务级平台及应用系统与信息集成的统一平台，是新型智慧城市统一的核心信息枢纽。城市级区块链云平台位于整个新型智慧城市统一信息化应用的最顶层，各个业务级平台（信息节点）与城市级区块链云平台相连接形成一个星形结构的分布式系统体系，各业务应用系统与业务级二级平台（信息节点）相连接，从而形成一个以城市级平台为核心的"雪花"形的点对点的结构。城市级区块链云平台作为新型智慧城市统一信息与数据的中心节点，承担业务级二级平台及应用系统节点的系统集成、数据交换、数据共享、数据支撑、数据分析与展现、身份统一认证、可视化管理等重要功能。新型智慧城市区块链云平台由以下业务支撑系统组成：

第一，综合信息集成系统。综合信息集成门户网站定位为新型智慧城市区块链云平台级 App。其功能是将城市级平台和各业务级平台相关的应用系统的管理和服务信息，通过系统与信息集成和 Web 页面的方式连接到门户网站上来。网络注册用户（实名制）可以通过网络浏览器方式，实现对整个新型智慧城市区块链云平台管理与综合服务信息进行浏览、可视化展现、查询和下载。城市级平台综合信息门户网站是全面提供新型智慧城市区块链云平台管理与服务的人机交互界面。

第二，数据资源管理系统。数据资源管理系统实现信息资源规划相关标准的管理、元数据管理、数据交换管理等功能，是实现新型智慧城市区块链云平台数据共享的前提和保证。数据资源管理系统是对信息资源规划提供辅助作用，并方便普通用户使用规划成果，维护规划的成果、数据的工具平台。其提供用户直接浏览和查询的界面，并将该成果进一步规范化管理，将数据元目录、信息编码分类、信息交换标准等进一步落实，以指导支持一级平台的大数据建设，以及新型智慧城市区块链云平台管理与民生服务三级平台的建设。新型智慧城市区块链云平台数据资源管理系统实现的功能包括：①元数据管理功能；②编码管理功能；③数据交换管理功能。

第三，数据共享交换系统。数据共享交换系统是实现和保障新型智慧城市区块链云平台共享分布式数据库之间（信息节点），以及城市级平台与业务级平台（P2P）之间数据交换与共享的功能，能在应用系统之间实现数据共享和交换。数据交换与业务级平台利用面向服务的要求进行构建，以 WS 和 XML 为信息交换语言，基于统一的信息交换接口标准和数据交换协议进行数据封装、信息封装、页面封装、服务封装，利用消息传递机制实现信息的沟通，实现基础数据、业务数据的数据交换以及控制指令的传递，从而实现新型智慧城市区块链云平台与各业务级平台及应用系统的数据、信息、页面、服务的集成。

第四，数据分析与展现系统。新型智慧城市区块链云平台的数据加工存储分析与展现系统主要由数据仓库（DW）和数据清洗转换装载（ETL）以及前端展现部分组成。通过主题数据库（ODS），将新型智慧城市区块链云平台涉及已建、在建和未建的各个应用系统（视为信息节点）中的数据、信息、页面、服务，按照要求集中抽取到业务级主题数据库中；然后再进一步挖掘到新型智慧城市区块链云平台大数据库系统中，为数据挖掘、数据分析、决策支持等提供高质量的数据来源，为新型智慧城市区块链云平台"管理桌面"和各级业务领导及部门提供可视化信息展现，为领导管理决策提供支撑和服务。数据加工存储分析功能主要是对从数据源采集的数据进行清洗、整理、加载和存储，构建新型智慧城市各业务级主题数据库；针对不同的分析主题进行分析应用，以辅助新型智慧城市区块链云平台管理决策。数据加工管理过程包含 ETCL，即数据抽取（Extract）、转换（Transform）、清洗（Clear）和加载（Load），数据集成实现过程，是将数据由应用数据库到主题数据库系统，再向城市级平台的 ODS 加载的主要过程，是新型智慧城市区块链云平台建设大数据库知识数据过程中，数据整合、挖掘、分析的核心技术与主要手段。

第五，统一身份认证系统。统一身份认证系统采用数字身份认证方式，符合国际 PKI 标准的网上身份认证系统规范要求。数字证书相当于网上的身份证，它以数字签名的方式通过第三方权威认证有效地进行网上身份认证，帮助各个实体识别对方身份和表明自身的身份，具有真实性和防抵赖功能。

第六，可视化管理系统。新型智慧城市区块链云平台可视化应用包括地理空间信息3D 图形（GIS）、建筑信息模型 3D 图形（BIM）、虚拟现实（VR），以及视频分析（VA）的可视化技术应用集成。各业务级平台及应用系统的数据和信息，通过可视化集成展现，形成数据和信息可视化的集成、共享、展现的场景综合应用。

第七，共享大数据库系统。共享大数据库系统分别由城市级大数据库、业务级主题数据库（信息节点）、应用级数据库（P2P）构成，具有大数据管理的环境和能力。采用城市级、业务级、应用级多级数据云存储结构，数据存储采用集中数据存储和网络化分布式数据存储相结合的云存储模式。新型智慧城市区块链云平台共享大数据库采用集中数据云存储的方式，业务级和应用级数据存储数据库可采用网络化分布式数据云存储方式。各级数据存储数据库具有数据存储、管理、优化、复制、防灾备份、安全、传输等功能。云存储数据库采用海量数据存储与压缩技术、数据仓库技术、网络化分布式数据云存储技术、数据融合与集成技术、数据与信息可视化技术、多对一的远程复制技术、数据加密和安全传输技术、数据挖掘与分析技术、数据共享交换技术、元数据管理技术等。新型智慧城市区块链云平台监控与管理数据存储，采用分布式数据库与集中的云数据管理和云数据防灾备份。各级信息节点分布式数据存储系统在物理上相互独立、互不干扰，逻辑上形成一体化的共享数据云存储仓库。

2. 新型智慧城市与区块链底层技术服务结构

区块链与新型智慧城市的集成创新和深度融合应用，关键是区块链底层技术服务的集成创新。区块链底层技术服务应能支撑新型智慧城市与区块链各个分布式节点的集成应用。其核心技术是通过区块链各分布式节点将节点底层资源，包括数据、信息、页面、服务资源进行统一的封装。采用容器封装技术屏蔽各个分布式节点底层资源的异构性，从根本上消除"节点孤岛"造成的各分布式节点之间互联互通和互操作的难题。对区块链分布式各节点资源中的数据、信息、页面、服务资源，采用基于信息栅格SOA（面向服务的体系结构）系统集成架构统一封装的策略和技术，将各分布式节点资源封装为业务组件、通用组件、安全组件和中间件组件的共享策略及数据管理服务调用的方法，使区块链底层技术服务的各类组件满足上层需求应用的组织管理和组件的调用、映射、交换、集成与共享。对信息设备资源以及信息处理资源，则可以通过资源管理服务来进行封装。由于不同功能的资源其接口的调用也各不相同，可以通过资源注册与发现服务将本地资源的调用接口以及服务质量相关信息注册到上层资源发现模块中，供用户发现和调用。

新型智慧城市区块链底层技术服务主要由通用组件、业务组件、安全组件和中间件组件构成，为满足区块链云平台信息与数据的调用、映射、交换、集成、共享和组件组织管理、组件标准化及组件应用提供引擎和接口，通用组件、业务组件、安全组件和中间件组件采用统一的标准和规范进行开发和组态。根据新型智慧城市区块链云平台与各分布式节点（P2P）互联互通和数据共享交换的要求，将统一开发的各类组件部署在区块链底层技术服务的接入层中。新型智慧城市区块链底层技术服务层主要由分布式节点接入平台的通用组件、业务组件、安全组件和中间件组件以及分布式节点资源平台组成。

（1）通用组件。基于SOA系统集成架构，根据新型智慧城市区块链云平台所需的通用功能，采用系统化、结构化、标准化的方式，构建新型智慧城市区块链云平台各业务二级平台（信息节点）通用的数据交换组件、统一认证组件、门户组件、报表组件、数据分析组件、视频分析组件、机器学习组件、系统管理组件、资源管理组件和可视化组件等通用组件层。共享组装结构是异构平台互操作的标准和通信平台。通用组件结构是"即插即用"的支撑结构。通过一定的环境条件和交互规则，通用组件结构允许一组组件形成一个封闭的"构件"，可以独立地与第三方平台或其他异构的系统进行交互、调用和协同，因此将通用组件结构及其内含的"构件"也可以视为一组独立的构件组合体或通用组件层。通用组件通过不断地迭代和合成，可以为一个框架体系结构复杂的大系统或巨系统提供跨平台、跨业务、跨部门的应用调用和系统集成，同时避免各业务平台软件及服务程序的重复开发与建设。

（2）业务组件。业务组件层应满足新型智慧城市跨平台、跨业务、跨部门可视化集成的调用与场景展现，通过新型智慧城市各行业级二级平台（信息节点）的系统集成，进行新型智慧城市各业务类应用服务的组织、采集和应用信息资源分类、综合与集成。采用分布式（节点与资源分离）多源异构的容器封装共享机制，将新型智慧城市各类数据、信息、页面、服务资源按照智慧城市管理与服务各业务应用类型进行分类、集合、组织、封装，从应用的供需角度组织数据、信息、页面和服务资源。建立新型智慧城市系统集成"四大"封装的业务类目录和业务应用组件调用体系，实现各类封装的业务组件之间（即业务数据、业务信息、业务页面、业务服务的供需之间）跨平台、跨业务、跨部门、跨应用需求的调用、映射、交换、集成和共享。

（3）安全组件。区块链采用 P2P 技术、密码学和共识算法等技术，具有数据不可篡改、系统集体维护、信息公开透明等特性。区块链提供一种在不可信环境中进行信息与价值传递交换的机制。区块链的价值是信任，所以可信是区块链的核心价值，是构建未来区块链价值的基石。区块链信任的核心是密码算法，密码算法的核心是算法本身和密钥的生命周期管理。密钥的生命周期包括：密钥的生成（随机数的质量）、存储、使用、找回等。虽然区块链协议设计非常严谨，但作为用户身份凭证的私钥安全却成为整个区块链系统的安全短板。通过窃取或删除私钥，就可轻易地攻击数字资产权益，给持有人带来巨大的损失。这样的恶性事件已经不止一次地出现，足以给人们敲响警钟。

区块链安全机制采用与信息栅格安全保障体系集成创新的方式。安全组件实现对区块链云平台和分布式节点实施双重安全防护。对区块链云平台的安全采用公有密钥的方式，集成分布式节点安全认证、PKI/CA 认证，为每个区块链分布式节点发放数字认证，确保区块链每个分布式节点是通过安全注册和认证的，区块链云平台与分布式节点之间的互联是可信任、可靠的。对区块链分布式节点的安全采用私有密钥的方式，集成 SM2/SM3 密钥算法、共识算法、数据加密。通过私钥对访问者进行安全认证。确保在点对点（P2P）获取分布式节点资源时是安全的、可信任的、可靠的和数据不可篡改的。

（4）中间件组件。中间件是一种独立的系统软件或服务程序，分布式信息节点应用软件借助这种软件在不同的技术之间共享资源。中间件位于客户机/服务器的操作系统上，管理计算机资源和网络，是连接分布式节点（P2P）之间独立的应用程序或独立系统的软件。相连接的分布式节点的业务平台或应用系统具有不同的接口，但通过中间件相互之间仍能交换信息。执行中间件的一个关键途径是信息传递。通过中间件，应用程序可以工作于去中心化的多节点或 OS 环境。新型智慧城市区块链云平台基于 SOA 系统集成架构的基础中间件层包括 MOM、J2EE、LDAP、PORTAL、ESB 等。

3. 新型智慧城市与区块链分布式节点结构

新型智慧城市区块链分布式节点结构将区块链分布式 P2P 结构和信息栅格资源管理技术结合在一起。该结构既可以实现分布式节点之间的互联和信息交换，又可以通过新型智慧城市区块链云平台实现对分布式节点的资源管理。区块链资源管理是区块链云平台的核心功能，其对区块链各分布式节点进行统一的组织、调度和管理，通过各分布式节点底层技术服务对各类资源进行封装和提供统一提交作业的引擎和接口。特别对一些综合任务和多目标需要协调多个分布式节点的资源协同时，则需要通过区块链云平台的资源管理将综合任务和多目标有效合理地分配到分布式节点的业务平台及应用系统上进行运行。各个分布式节点底层技术服务封装的是大量的元数据（类）信息，这些元数据（类）描述了节点资源的语义、功能、调用。如何对这些信息进行有效的组织和管理，是分布式节点底层技术服务的基础，该功能通过信息栅格的资源发现来实现。信息栅格系统集成中的资源发现与一般系统信息服务不同，除了具有信息获取和发布的基本功能之外，更重要的是可保证信息是当前需要的、可用的、可信任的。

上述新型智慧城市区块链分布式节点结构，是一个典型的"去中心化""去集中化"的分布式结构。传统的智慧城市或数字政府将政府各业务系统和应用功能集中部署在一个软硬件环境中进行集中式的应用和管理；而新型智慧城市采用区块链分布式结构，将政府各业务系统和应用功能部署在政府各部门（分布式节点）中进行分布式的"自治"应用和管理。区块链"自治化"的特点有助于政府摒弃传统的"管理—规制"的模式，而遵循"治理—服务"理念。所谓政府各部门运行与管理的"自治化"是指所有参与到区块链分布式结构中的政府各部门节点均遵循同一"共识机制"不受外部的干预，自由、自主地进行各部门（节点）之间的信息与数据交换、共享和应用，自发地、共同地维护政府各部门业务系统的信息与数据的可用性、可靠性和安全性。因此政府各部门分布式节点的

"自治化"也可称为"共治化",即政府各个部门并非完全分散的独立的"个体"存在,而是通过"共识机制"形成逻辑上虚拟化的统一性、协同性、一致性的一个有机整体。不同的政府部门分布式节点(或称为"组织域")可以通过电子政务外网实现其相互之间的互联和收集其他部门节点的信息和数据,同时又可以通过区块链云平台来调度、组织和管理各个分布式节点的资源,在逻辑上形成虚拟化的一个整体。由于是基于区块链分布式(P2P)的结构,因而不存在系统瓶颈,并提高了系统的可扩展性、可靠性及安全性。新型智慧城市区块链分布式节点(P2P,去中心化)结构与信息栅格资源管理技术的结合方式,可以方便对分布式节点访问权限的管理。政府各个部门分布式节点将本节点资源注册到区块链云平台的全局资源管理与服务之中并定期更新,当客户端需要通过资源发现服务搜索相应的信息和数据时,先从区块链云平台的全局资源管理搜索相关信息和数据。如果没有搜索到相关信息和数据,则通过P2P方式访问任何一个分布式节点底层技术服务来获取。区块链云平台则负责维护所有政府部门分布式节点底层技术服务封装组件。

新型智慧城市区块链分布式节点结构具有下列特点:

(1)实现对分布式节点资源的管理。满足信息系统集成中的安全性要求,而且有效地减小了网络数据流量。

(2)基于P2P结构的区块链云平台提供全局信息和数据服务,可以有效消除系统瓶颈,同时提高系统的可扩展性和安全性。

(3)提高分布式节点资源管理的一致性和统一性,基于P2P结构,减少了整个系统的层次结构,提高了对分布式节点访问的有效性。

(4)方便对各个分布式节点底层技术服务的组织和调用。各个分布式节点底层技术服务首先可以组织节点内部资源,然后再统一汇总到区块链云平台全局资源管理中,可有效减少全局信息服务的负担。

第六章　信息技术在中小学教学中的应用探索

第一节　中小学信息技术的应用理论与策略

一、中小学信息技术的应用理论

中小学信息技术应用建立在建构主义理论基础上，其学习环境包含情境、协作、会话和意义建构四个要素。"中小学信息技术应用可以描述为：以学生为中心，学习者在教师创设的情境、协作与会话等学习环境中充分发挥自身的主动性和积极性，对当前所学的知识进行有意义建构并用所学解决实际问题"。① 在教学中，教师由知识的传授者、灌输者转变为学生主动获取信息的帮助者、促进者；学生由外部刺激的被动接受者和知识的灌输对象转变为信息加工的主体、知识意义的主动建构者。信息所携带的知识不再是教师传授的内容，而是学生主动建构意义的对象（客体）；教学过程由讲解说明的进程转变为通过情境创设、问题探究、协商学习、意义建构等以学生为主体的过程；媒体也由教师讲解的演示工具转变为学生主动学习、协作式探索、意义建构、解决实际问题的认知工具，学生用此来查询资料、搜索信息、进行协作学习和会话交流。

中小学信息技术应用是建构主义理论与先进的技术（如多媒体技术、网络技术、通信技术、人工智能技术）相结合的产物。运用建构主义学习理论形成全新的教学模式，促进教学内容与方法的变革和实现教育信息化，已经成为当今教育的必然选择。

中小学信息技术应用的理论基础是建立在信息化教育的背景下，以教育信息化的思想理论为基础，结合中小学课程特点，以建构主义为指导的理论体系。建构主义认为，学习过程是人的认知思维活动主动建构的过程，是建构内在心理表征的过程，是人们通过原有的知识经验与外界环境进行交互活动以获取、建构新知识的过程。知识并不是通过老师传授从外界搬到记忆中，而是学习者在一定的情境，即社会文化背景下，借助其他辅助手段（包括教师和学习伙伴以及其他学习工具），利用必要的学习材料，通过意义建构的方式而

---

①吕红军，李梅．中小学信息技术的迭代及应用［M］．青岛：中国海洋大学出版社，2018：2.

获得。学生在学习中要主动建构客观事物及其关系的表征，这种建构不是外界刺激的直接反应，而是通过已有的认知结构（包括原有知识经验和认知策略）对新信息进行主动加工而建构成的。这种学习更加强调学习的主动性、探究性、社会性、情境性、协作性。

在建构主义学习的框架内，教师鼓励学生自己发现原理。为了让学生从信息的被动接收者变为积极的知识建构者，我们必须提供环境让他们参与学习活动，提供适当的工具让他们运用知识。移动设备给我们提供了独特的机遇，让学生进入真实的情境，使具体情境下的信息传递成为可能；同时，移动设备的计算与信息管理功能，可以作为认知工具来支持、指引和扩充学生思维过程或心智模式，促进知识内化与问题解决。所以，在移动学习中如何利用移动技术促进学习和知识构建是十分值得研究的。

二、中小学信息技术的应用策略

（一）增强认知，重视信息技术教育

信息技术迅速发展的今天，信息技术不仅仅是学生学习、教师教学的对象，也应该是我们认识世界的工具，较好地掌握信息技术，提高学生的信息素养，能帮助学生更好、更有效地利用信息资源，无论对学习还是生活都能起到事半功倍的效果。在日常教学活动中，重视对信息技术教师的培养，增加信息技术教师的外出培训机会，提高校长、教师的信息化意识，将信息技术与其他学科有机融合，给信息技术提供发展空间，既能提高教师的教学效果，也能有效地帮助学生实现学习目标。

教学改革需要从上到下一起努力，共同实现。信息技术课程的教学改革，单靠一位授课教师是很难完成的，也要形成学科的力量，引进人才，投入经费，搭建平台，开展教研活动，保证信息技术教师充足的备课时间，实实在在地开展教学。提高认识，重视信息技术教育工作，不仅仅是信息技术教师的事，也是学校领导、各级各类教育部门的事，学校应在硬件建设、软件采集等方面多做支持，营造良好的信息技术学习环境。着重培养学生的学习兴趣和创新能力，学到一些计算机基本的知识与技能，能让学生具有搜集信息、处理信息和应用信息的能力，让学生了解信息技术教育和体会信息技术的魅力。

（二）合理改变教学内容与教学方式

按照新课标的要求，结合本地区实际，根据学生的具体情况，对教材内容进行有效的筛选，改变陈旧的、不适合本地区的教学内容，结合学生的兴趣点，采用灵活有效的任务驱动法等方式进行教学，引导学生采用有效的信息技术工具完成相应的任务，最终实现教学效果的最优化。随着社会水平的提高，信息技术能力的培养不单单局限于课本内容，更

应该注重学生的综合实践能力，教师也应多参加专业培训，多利用网络平台丰富课堂，站在学生的角度，从学生出发，以学生为主体，教师为主导，灵活地运用评价机制，激发学生的学习兴趣。

同时，考虑到学生学习基础不同，根据实际情况，将不同年级的同学信息技术课安排在同一时段，按学习基础重新分班，将教学内容调整为基础版和提高版，教师根据自己所教授的班级的学生的实际情况，沉下心来钻研教学内容，钻研教学方法，进行教学设计，把握教学环节，让学生在学习时能紧跟教师思路，有效地完成学习。在信息技术课的教学中，有一些概念性的和理论性的知识会让学生感到很抽象，不想学，老师在讲课的时候可以把这些内容换一个方式讲授，让沉闷的学习内容变得活跃，并且能让学生有深刻的印象，记忆也比较深刻。有些教学内容根据学生的能力可以让他们合作完成任务，这样能激发他们的想象，会有意想不到的效果。

在授课过程中，注重评价的作用，学生表现好的时候要积极给予评价，这样会激发他们的表现欲望，更能积极地学习。让学生在课堂中互相评价，发现彼此的优点与缺点，学习其他同学的优点。老师要积极地走到学生中去，和同学们形成良好的师生关系。

第二节　信息技术在中小学教学中的具体应用

一、"计算机+投影"在中小学教学中的应用

"计算机+投影"教学属于多媒体教学，特指运用多媒体计算机并借助于预先制作的多媒体教学软件来开展的教学活动，又可称为计算机辅助教学（Computer Assisted Instruction，CAI）；其原理是依据教学目标和对象的特点，通过教学设计，合理选择和运用教学媒体，并与传统教学手段相结合，以多种媒体信息作用于学生，如静止图片、音频、视频等，形成合理的教学过程，使学生在最佳的学习条件下进行学习。

（一）"计算机+投影"在中小学教学中的应用优势

"计算机+投影"教学是现代意义上信息化教学的开端，它是在计算机上制作"电子教具"，并通过投影机投射到幕布上，从而改写了手工制作教具、运用延续了几千年的方式进行教学的历史，具有划时代的意义。它在一个比较长的历史时期里主宰了课堂教学，甚至现在还在很大程度上发挥作用，尽管呈现端可能已经更换成高级幕布——交互式电子白板或触控一体机，仍然有很多老师喜欢在这样的先进媒体上应用"电子教具"。归根结

底还是在于这种教学形式有其自身的特点和优势。

首先是直观性，传统教学主要以文本和教师描述为主，学生思维受到很多限制。而此环境图文并茂，有效地突破了视觉的限制，学生能多角度地观察对象。这样，既能调动学生情绪、兴趣和注意力，突出重点，便于理解概念和掌握方法，又能有效地引发学生联想，促进思维发展。

其次是动态性，音、视频以及实验演示，真实情景的再现和模拟等，使学生能经历知识产生的过程，既能有效突破教学难点，又能调动学生参与的主动性，有利于学生形成新的认知结构。

再次是大信息量、大容量性，课件具有一定的资源整合性，除了文字、图片以 Power-Point（以下简写 PPT，是微软公司的演示文稿软件）的形式呈现外，教师还可以把教学所需要的音频、视频链接进课件里，形成视、听完善的教学效果，从而极大地提高教学的吸引力，激发学生学习的兴趣，同时节约了时间和空间，提高了教学效率。

最后是简单性，操作的门槛非常低，教师会用计算机就会播放 PPT，只要点击鼠标就会一页一页地往下播放，不需要掌握过多的技术，因而普及率相当高。另外，PPT 还可以帮助教师梳理教学思路，帮助教师解决备课上课容易遗忘的问题。在传统课堂上，由于紧张、分神等多种原因，教师有时会出现卡壳、思维短路等现象，造成尴尬的局面。而 PPT 的播放，则起到了有效的提示作用，从而保证了各个教学环节、教学活动的完整性和连贯性。这些优势正是 PPT 这种看似简单的媒体运用能保持长久不衰的重要原因。

（二）中小学应用"计算机+投影"需注意的问题

"计算机+投影"虽然提供了丰富的资源呈现方式，吸引了学生的注意力，教师在教学设计和教学过程中应注意以下问题：

第一，把学生放在教学设计和教学过程中的主体地位。技术是为教学服务、为学生学习服务的支撑工具之一。所以，PPT 课件的设计要按照有利于提高学生学习兴趣、有利于帮助学生理解的原则，遵循学生的认知规律，突出事物的最本质特征，忽视非本质的次要特征（如与完成教学目标关系不大的音频、视频、动画等效果）；课堂上，教师要充分发挥本身的感染力，淡化技术因素，充分调动学生思维，促进他们深度理解。通过 PPT 课件的使用，既能产生形象生动的课堂效果，也能有效促进学生思维发展。

第二，与其他教学手段有机结合。不同的教育技术手段有各自不同的优势。例如，数学学具中的小棒，不仅有质感，而且能培养学生的动手能力。因此，PPT 课件要与传统的模型、标本实验、录音、录像、电影等手段有机结合。因此，教师必须建立起多种技术工具整合的思想，在整合使用教育技术的过程中实现教学效益的最大化。

第三，重视课堂动态生成的处理。课堂的本质是互动和生成，但是教师的PPT课件在课堂上很难修改，因此很多时候要通过板书的方式来处理；而板书与课件相比，最大的优势是让学生经历知识产生的过程，而不是PPT课件的直接给予，主动和被动的学习效果是不一样的。很多时候，板书内容还要进行二次利用，教师可以用手机拍照留存，以备进行教学反思和再利用。总而言之，教师要有这样的意识，随时关注课堂的生成并灵活机智地加以处理和利用。

二、交互式电子白板在中小学教学中的应用

随着科学技术的进步和发展，现阶段信息技术和日常教学发展对投影技术提出了新的需求，传统多媒体投影和黑板的组合越来越不适应当前的教学实际。现今的课堂教学改革，需要兼容黑板和多媒体投影的全部功能，可方便、大量地引入网络数字信息资源，又可全面加强师生参与对话和互动的合理教学环境。交互式电子白板在中小学课堂中广泛应用，必将汇集更多数字资源，提升课堂交互合作能力。

交互式电子白板，实质是"大尺寸交互显示界面"，它将计算机主机与电子白板连接，将影像投影到电子白板屏幕上。在白板屏幕上利用手指或者感应笔完成文件访问、注解标记、无痕书写等操作，所有操作过程可随时编辑管理、保存、打印和通过网络发送。电子白板交互式技术融合了计算机技术、微电子技术与通信技术，由交互白板（包含感应笔）、投影系统以及配套软件构成。配套软件可在计算机界面工作模式、计算机界面注释模式、活动挂图模式三种相互切换的模式下工作。

交互式电子白板在中小学教学中的应用具有以下四点优势：

1. 教学过程简单易控，教学互动水平提高

"在课堂中使用交互式电子白板授课，教师可以有效地避免在主控台与大屏幕之间往返，可充分发挥课堂中教师的肢体语言作用，提高学生的注意力"。[①] 教师可根据教学目标的需要，对教学环节进行合理设计，营造和谐、互动情境，让电子白板成为师生组织集体学习和开展平等对话的载体。学生利用电子白板可以获得更多的参与台前展示、合作学习、探究学习的机会，主动性与积极性得到提升，让学生在教学中的主体性地位得以体现。

2. 教学情境创设灵活，促进教学资源整合

基于交互式电子白板的教学过程实际上是一个教学资源灵活整合的过程，目标是营造出灵活的、可创新的教学环境，特别是实现互联网+白板模式时，多点异地数据实现同界

---

①牛刚. 交互式电子白板在中小学课堂教学中的应用初探 [J]. 内蒙古教育，2016（2）：95.

面教学交互，并可对多种类型的数字化信息资源灵活地进行编辑组织、展示和控制，当教师引入更加灵活的、自然的、形象的数字资源时，对学生成长记忆中的经验进行刺激唤起，帮助学生利用已有知识同化新知识、建构新知识。从根本上解决了传统多媒体技术中使用高度结构化课件和幻灯片讲稿带来的一系列问题。

3. 实时保存教学信息，有效实施教学过程

教师教学和学生学习的所有文字、图形或插入的任何图片都可记录在硬盘或移动存储设备中，通过打印将写好的页面资料分发给学生，帮学生整理完成笔记供课后温习或作为复习资料使用。免除一些不必要的行为后，学生可更加专心地投入集体学习中，有效地提升学生学习效率和学习质量。实时保存师生教学互动信息，给教师课后总结、分享教学经验提供便利，促使教师的专业发展得到保障。可以说在教学中电子白板的保存和互动应用，有效地促进了教学相长。

4. 及时反馈教学效果，教学目标有效实现

教学时师生反馈及时有效是体现教学效果的一个重要环节。在课堂教学中应用交互式电子白板，教师可实时获取学生的反馈信息，也可将指导意见及时地反馈给学生，实时改变教学方法与调整教学策略，优化教学效果，特别是感应笔的使用，取代了计算机主机前的鼠标，彻底将老师解放出来，有助于教师将有限的精力用于渲染课堂气氛、加强教学的生动性，从而完成难度很高的情感教学任务。

综上所述，交互式电子白板的出现使课堂教学实现了重大的突破——为教师实现屏幕与计算机之间交互式控制、在计算机上教学材料实现灵活交互应用提供了可能，使课堂教学不再枯燥乏味，有效地展示了教师的肢体语言，提高了师生之间的活动性，提升学生专注力，提高学习质量。相信随着技术的不断完善，交互式电子白板作为课堂教学的一种新的媒体技术能更好地为课堂教学服务。

三、触控一体机与智能移动终端的教学应用

（一）触控一体机的教学应用

触控一体机是触摸屏、液晶屏、工业 PC 单元（也称主机）以及一体机外壳的完美组合，最终通过一根电源线就可以实现对机器的触控操作。触控一体机配备了全球最先进的多点红外触摸屏，触摸无延迟，回应灵敏，所有控制均在荧幕表面完成，任意物体（包括手指和笔）点击触摸屏，都可以控制所有应用程序，轻松实现手写文字、绘图、加注等功能，使用流畅，稳定可靠。从功能上讲，触控一体机与交互式电子白板无异，只是交互式

电子白板是计算机、投影和电子白板分离，而触控一体机则是将三者整合在一起而已，其性质、特点、应用价值都是一样的。

但是，从设计的角度来讲，触控一体机还是有很大优势的。交互式电子白板需要连接不同的设备（如PC、投影机）才能使用，因此很多电源线、电缆线都暴露在外，显得杂乱无序，也给人一种不安全感；因为要与投影机配合使用，而投影机又有一定的使用寿命，投影的图像会随着投影机灯泡使用时间的延长而慢慢变暗，甚至模糊，从而会影响学生的视力。投影需要在相应的暗室环境下进行，因此很多时候教室要拉上窗帘，虽然教室有照明，但总不如自然光那样柔和。如果是长焦镜头，则有以下问题：一是前投光线会刺激教师和学生的眼睛，对眼睛造成伤害；二是学生虽然能看清投影内容却看不清教师的表情；三是教师的身影也会出现在屏幕上，对教学造成干扰。如果换成短焦镜头，这些现象就会得到改善。而触控一体机实现了高集成，它把PC、投影系统、幕布、显示系统、音响等集于一体，简洁明了，不再需要电源线、电缆线，因而也就没有了杂乱无序的感觉；显示屏高清明亮，图像画面清晰，没有前投光线刺眼的问题；对光线环境要求低，不受外界光源影响，适应环境能力强；安装简单，内置计算机，不需要再有各种设备连接，技术门槛低，老师们容易上手；另外，具备HDMI的高清晰多媒体等接口，支持多种设备接入。

（二）智能移动终端的教学应用

近年来，传统的教学模式逐渐与互联网和移动通信技术相融合，给教师的教学方式和学生的学习方式带来新的活力。智能移动终端是现代信息技术的典型实现方式，突破了用户网络资源应用的时间和空间限制，一个具备完整功能和资源结构的App应用能带给用户不同的体验。

1. 基于智能移动终端的学生学习特点

（1）学习内容趋向数字化

传统学习中学生最主要的学习资源是教材，教材是一种固化的知识呈现方式，以文字和图片的方式简单抽象地描述知识，这样的呈现方式不利于学生学习。以小学语文《山村咏怀》课文为例，作者邵雍通过动态的形式，用简单的语言将烟村、人家、亭台、鲜花等美景描写得惟妙惟肖，教材只能呈现出静止的画面；移动学习终端可以将这首诗展示为动态的画卷，吸引学生进入情境，切身感受作者身处美景时的所见所感，增加学习的有效性。

（2）根据需要选择学习时间与地点

由于中小学生的学习压力很大，需要奔波于学校、家庭以及课外辅导班之间，而智能移动学习终端可以使学生不受固定学习时间或地点的限制，灵活安排学习时间，体现终身学习的理念。

（3）调动学生学习兴趣与主动性

智能移动学习终端有助于学生开展各式各样的学习活动，如个性化学习、对话学习、协作学习、探究学习等，学生还可以自由选择所需学习资源的类型和数量，形成个性化的学习方式，成为学习的主人。

（4）促进知识的有效交互与流通

智能移动终端支持学生随时随地发表学习想法和提出学习问题，利用网络实现同伴之间、师生之间的有效交互。

2. 基于智能移动终端的学习应用分析

（1）基于智能移动终端的学习社会社区——系统建构视角

"智能移动终端实际是一台可以无限制移动使用的网络计算机，利用智能移动终端可以构建一个网络学习社区"。[①]

①微课程。教育者根据移动学习的特点设计学习者所需的课程资源，提供个性化服务以满足学习需求。教师根据教学重难点和易错点提供学习支持资源，学生随时随地访问管理平台的课程目录学习当天的新知识或复习已掌握的知识，还可以装进电子书包。虽然学习内容因移动学习和个性化学习表现为碎片化，但是课程目录能实现知识的系统化和结构化，每个简短的小模块课程汇集成适量且系统的知识点或疑难点，有利于学生在碎片化时间开展学习，长期坚持就会取得日益明显且方便评估的学习效果。智能移动终端不适合大量文本内容的呈现，展示的学习内容一定是精简、有序、直观且动态化的资源。

②学习活动。教师或学生可以利用智能移动终端的社会性软件开展针对某一知识点或话题的移动学习或实践，一般由教师先根据课程目标设计实践项目，再引导学习者利用移动终端的资源开展自主学习、探究学习和协作学习，根据个体的学习进度进行调整。

③笔记区。类似腾讯 QQ 空间或微博/博客等平台。学习者把学习经历和感悟以文字或照片等多媒体形式发布，通过其他学习者的浏览和评论实现交互，促进知识和信息的传播。

④知识大通关。类似闯关平台或游戏社区，学习者可以根据个体的知识技能掌握情况自主选择难度等级，参加某个感兴趣领域的"考试"，系统会识别每一个数字身份并智能记忆，能读取每一次成绩记录，能计算出正确率以及易出错的知识点，还能追踪任务完成情况，记录并分析学生的微课程学习情况，使教师、家长以及学习者都能根据记录的数据

---

①靳君. 智能移动终端在中小学教学中的应用探析［J］. 兰州教育学院学报，2017，33（5）：165.

掌握移动学习的效果。

⑤问题吧。一旦学习者遇到学习难题就可以在线发布，教师和其他同学会收到消息开展即时讨论，从而迅速解决难题。当学生对某些问题存有疑问时，教师可以针对学生投票的难题在课堂教学中重点讲解某一方面的知识，实现高效教学。系统中置顶的问题能定期汇总成错题集，方便学生在强化练习中掌握知识。

（2）基于智能移动终端的翻转课堂应用——微观应用视角

在传统教学模式中，学生在课堂上学习新知识，回家完成作业，这样的学习模式导致学生掌握相同的学习方法却要独立面对作业难题，与当前社会对于人才能力的需求相反。翻转课堂方便学生以自己的方式独立学习新知识，和同伴、教师在课堂上一起面对复杂和困难的知识应用与迁移，从而掌握适合自己的认知策略，还能培养探究能力和协作能力。在构建学习社区系统的基础上，可以利用智能移动终端实现翻转课堂的教学应用，并建立应用模式。

①学生可以利用校园内移动设备参与互动、群讨论、数字化学习竞赛等。根据学生联机练习的时间长短确定学习等级，学生拥有更多的主动权，包括发起话题和投票等。

②如果学生在学习中碰到疑问，可以在社区里提问，可以与同学、教师交流学习心得和讨论问题，实现个性化的即时交流。

③学生不需要每天记录作业和任务，使用手机即可随时登录校园终端，通过唯一的数字身份登录所在班级查看"每日必备"。学生在课外实践活动中不需要自带学习资料，只需要使用移动设备搜索和发布学习资源，完成实地观察和指导亲身实践，更迅速地掌握知识。事后学生可以发布学习笔记，分享和交流学习经验，完成学习任务。

④教师可以利用社会性软件联系学生和发起难题讨论，如腾讯 QQ、微博、博客、微信等。

（3）基于智能移动终端的家校互动研究——长效发展视角

家长拥有智能移动终端的数量远多于学生，因此，学校可以通过家长的移动设备发布微课程和更新信息，通过家校交互辅助学生学习。

①信息交流。学校或教师定期将教育信息告知家长，家长能实时掌握学校和教师的教学理念和教学进程，能随时了解学生的在校动态，从而配合学校教育开展符合学生特征的家庭教育。

②学业监测。家长可以使用权限账号登录学习社区，根据课程安排了解学生每天的学习任务和效果，了解教师的教学实施和要求，还能通过学生的作业或测试卷实现发展性评价，便于评估学习效果。

③建立家长发展学校。中小学阶段是人生发展的关键阶段，家长虽然扮演着重要的角

色，但是逐步丧失了对孩子的教育能力。智能移动终端可以构建家长发展学校，家长能及时了解学校和教师定期发布提升教育能力的学习内容，还能促进家长之间的交流和沟通，建立生态化的教育环境。

3. 智能移动终端教学对学生的作用

第一，学生获取知识的广度和深度发生了变化。传统教学中学生只能从教材中获取有限的内容，以多媒体计算机和互联网为代表的信息技术有助于学生从世界各地获取学习资源，既拓展了学生的知识面，又提升了学生的思维广度和深度。

第二，师生的交互方式发生了变化，不局限于师生的面对面交互，微社区和网络成为师生交互的第二空间，能实现一对一交互的效果，也有利于学生的个性化发展。

第三，学习环境的变化带来学习模式的变革。教师利用信息技术创设教学环境，支持学生开展基于网络的探究学习和协作学习，改变了传统上"依靠教材""依靠教师"的学习模式，学生真正成为学习的主人，成长为符合社会发展需求的创新人才。

综上所述，智能移动终端学习是当前教育改革和研究的热点领域。科技进步、教育理念更新和学校教育形式多元化带给中小学教育新的发展契机，移动学习与传统教育的融合是我国教育改革的大势所趋，教育者应以新教育理论为支撑，运用技术探索基于智能移动终端的教学应用模式，利用移动设备开展有效的教学实践活动，使中小学学生在碎片化时间通过交互实现泛在学习。

参考文献

[1] 陈嘉兴，赵华，张书景．现代通信技术导论［M］．2版．北京：北京邮电出版社，2018．

[2] 陈淑鑫．信息技术基础［M］．北京：中国铁道出版社，2011．

[3] 崔传森．计算机网络安全体系及其发展趋势综述［J］．网络安全技术与应用，2022（11）：171．

[4] 董庆玲．智慧城市建设的三个维度［J］．人民论坛，2019（21）：58-59．

[5] 鄂海红，宋美娜，欧中洪．大数据技术基础［M］．北京：北京邮电大学出版社，2019．

[6] 范丹，赵昕．智慧城市、要素流动与城市高质量发展［J］．工业技术经济，2022，41（11）：103-112．

[7] 方卫华，绪宗刚．智慧城市：内涵重构、主要困境及优化思路［J］．东南学术，2022（2）：84-94．

[8] 房超，李正风，薛颖，等．基于比较分析的人工智能技术创新路径研究［J］．中国工程科学，2020，22（4）：147-153．

[9] 伏玉笋，杨根科．人工智能在移动通信中的应用：挑战与实践［J］．通信学报，2020，41（9）：190-201．

[10] 付志．移动通信要素差异分析［J］．中国电子科学研究院学报，2021，16（1）：76-80．

[11] 葛宁，陈旭，冯伟．智能移动通信新架构探索［J］．中国科学基金，2020，34（2）：150-153．

[12] 郭理桥．城市发展与智慧城市［J］．现代城市研究，2014（10）：2-6．

[13] 黄超，葛畅．智慧城市建设中的媒体融合机遇［J］．传媒，2021（9）：33-35．

[14] 黄立威，江碧涛，吕守业，等．基于深度学习的推荐系统研究综述［J］．计算机学报，2018，41（7）：1619-1647．

[15] 靳君．智能移动终端在中小学教学中的应用探析［J］．兰州教育学院学报，2017，

33（5）：165.

[16] 匡祥琳．中国人工智能技术创新水平评价及测度［J］．技术经济与管理研究，2022
（5）：21-26.

[17] 梁瑜，何世伟，宋瑞，等．智慧城市轨道交通系统架构研究［J］．城市轨道交通研
究，2022，25（4）：95-99.

[18] 刘海鹏，周淑秋．移动通信技术发展对安全生产影响研究［J］．中国安全生产科学
技术，2020，16（8）：161-166.

[19] 刘江花，陈加洲．大数据人才分类培养研究［J］．江苏商论，2021（2）：127-130.

[20] 刘志勇，何忠江，阮宜龙，等．大数据安全特征与运营实践［J］．电信科学，
2021，37（5）：160-169.

[21] 吕红军，李梅．中小学信息技术的迭代及应用［M］．青岛：中国海洋大学出版
社，2018.

[22] 牛刚．交互式电子白板在中小学课堂教学中的应用初探［J］．内蒙古教育，2016
（2）：95.

[23] 任友理．大数据技术与应用［M］．西安：西北工业大学出版社，2018.

[24] 佘玉梅，段鹏．人工智能原理及应用［M］．上海：上海交通大学出版社，2018.

[25] 沈洁．第5代移动通信系统展望［J］．电信科学，2013，29（9）：98-101.

[26] 石方夏，高屹．Hadoop大数据技术应用分析［J］．现代电子技术，2021，44（19）：
153-157.

[27] 石岩，张景生．基于多媒体技术的信息化教学资源共享系统设计［J］．现代电子技
术，2021，44（20）：32-36.

[28] 王国良．图像处理技术在智能交通系统中应用的研究［D］．大连：大连海事大学，
2008：4-15.

[29] 肖建华．智慧城市时空信息云平台及协同城乡规划研究［J］．规划师，2013，29
（2）：11-15.

[30] 阎毅．信息科学技术概论［M］．武汉：华中科技大学出版社，2008.

[31] 张春光．5G技术在智能交通领域的应用［J］．城市道桥与防洪，2021（10）：214.

[32] 张国华，叶苗，王自然，等．大数据Hadoop框架核心技术对比与实现［J］．实验
室研究与探索，2021，40（2）：145-148，176.

[33] 张洪．计算机网络安全与防范［J］．信息与电脑（理论版），2015（16）：148.

[34] 张杰．大数据技术支撑融合媒体建设［J］．电视技术，2021，45（6）：14-16.

[35] 张轮，杨文臣，张孟．智能交通与智慧城市［J］．科学（上海），2014，66（1）：

33-36.

［36］张治中，毛亚丽，朱磊.5G 移动通信测试技术进展与挑战［J］.数据采集与处理，2019，34（6）：974-985.

［37］赵楠，谭惠文.人工智能技术的发展及应用分析［J］.中国电子科学研究院学报，2021，16（7）：737-740.

［38］朱福喜.人工智能［M］.3 版.北京：清华大学出版社，2017.

［39］朱海波，姜国睿，孙家奎，等.中小学信息技术教学中存在的问题及对策研究［J］.赤峰学院学报（自然科学版），2020，36（5）：118.